복음이 나를 결정한다

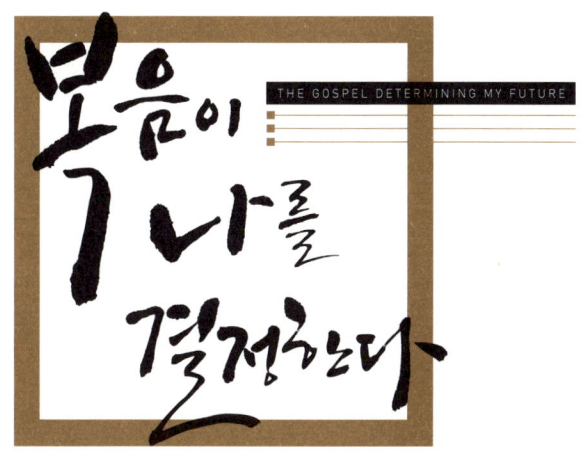

홍정길 · 이동원 · 이용규 외 지음

규장

프 롤 로 그

세상을 새롭게 하라는 복음의 부르심 앞에서

코스타 25년의 세월이 살같이 지났습니다. 2011년은 코스타가 시작한 지 어느덧 26주년이 되는 해입니다. 이 덧없는 세월 속에 영원의 흔적을 남기고자 헌신한 많은 동지들의 얼굴이 아른거립니다. 모두가 귀한 하나님의 사람들이었습니다.

특별히 고(故) 옥한흠 목사님과 고(故) 하용조 목사님은 코스타가 결코 잊을 수 없는 분들입니다. 코스타 25주년이던 2010년과 26주년이 된 2011년, 불과 1년 사이에 그 두 분이 주님 곁에서 먼저 안식하게 되었습니다. 코스타의 초창기 시절, 그 분들은 바쁜 일정에도 불구하고 기꺼이 섬김을 마다하지 않으셨습니다. 그 분들이 그립습니다.

25년을 넘긴 코스타에는 세월이 만든 변화가 많습니다. 오늘의 코스타에는 초기에 강사로 섬기셨던 분들의 자녀 세대들이 참여하는 것을 봅니다. 25년 전에 코스타에 참가했던 유학생들이 이제는 이 땅 구석구석에서 리더로 섬기고 있습니다. 뿐만 아니라, 그들 중에는 벌써 아름다운 퇴장을 준비하는 이들까지 있습니다.

25년은 결코 긴 시간은 아닙니다만, 지난 25년 세월은 한반도의 역사적 지평을 바꾸어놓았습니다. 하나님께서는 대한민국을 국제 사회의 도움을 입는 수혜국에서 제3세계의 나라들을 섬기는 나라가 되게 하셨고, 과거의 선교 수혜국에서 세계 제2위의 선교사 파송국가가 되게 하셨습니다. 이 역사 속에서 유학생들의 역할을 빼놓을 수 없습니다.

대한민국 건국의 초기 역사는 해외 유학생들과 맞물려 있었습니다. 그들이 해외에서 배운 신학문(新學問)으로 황폐했던 이 땅에 새 문화와 새 나라의 비전을 심었던 것입니다. 코스타는 이런 유학생들의 잠재력과 가능성을 주목했습니다. 코스타는 믿지 않는 유학생들에게는 복음을, 믿음을 가지고 살아가지만 학문과 신앙이 유리된 이들에게는 기독교 세계관을 심어주었습니다. 조국과 열방에 하나님나라의 지평을 넓히고자 했습니다.

코스타는 처음에는 주로 대학원생들을 대상으로 한 집회였습니다. 하지만 곧이어 대학생으로 확장되었고, 최근에는 '유스코스타'라는 이름으로 중고등학생에게까지 확대되고 있습니다. 나아가 유학생 부모들의 자녀들까지 대상이 되고 있습니다.

미주에서 시작한 코스타의 불길은 유럽으로, 일본으로, 오세아니아로 번져갔습니다. 중국과 대만, 남미와 이스라엘과 아프리카까지 찾아갔습니다. 그리고 '코스타 코리아'라는 이름으로 다시 조국의 모태(母胎)로 귀환하게 되었습니다. 그 치열한 역정(歷程)을 걸어오면서, 우리는 조국 근대화의 여로에서 민족의 복음화와 열방의 복음화를 외쳤고, 새 시대 하나님나라의 리더십을 함양하는 데 헌신해왔습니다.

코스타 26주년이 되는 2011년은 또 다른 25년을 바라보는 첫 발걸음이 될 것입니다. 이제 새롭게 복음화된 세대를 일으켜 세움으로써, 온 세계와 대한민국을 위한 소명에 걸맞도록 열방의 기독교 리더십을 함양시키려고 합니다. 새로운 세대는 예수의 심장을 품고서, 세상을 새롭게 변화시키고 품어야 할 부르심을 받고 있습니다.

이런 역사적인 시점에서 2010년 코스타는 '복음, 민족, 땅끝'을 주제로 삼아 복음과 민족과 땅끝을 새롭게 하는 일을 묵상했습니다. 온전한 복음이 무엇인지를 나누었고 복음의 능력을 통해 민족과 땅끝까지 섬길 것을 다짐했습니다. 이 책은 2010년 8월 명지대학교 용인캠퍼스에서 열린 코스타 코리아에서 코스타의 헌신적인 강사님들이 전한 뜨겁고 강렬한 복음 메시지들을 모은 것입니다. 이 책을 통해 코스타의 지난 25년을 되돌아보고, 다시 새로운 25년을 꿈꾸는 의미 있는 전환점이자 디딤돌이 되기를 기원합니다.

코스타의 25년 역사를 만들어온 모든 분들에게 감사를 드리며, 무엇보다 역사의 주인 되신 우리 주님께 모든 영광을 돌려드립니다!

함께 코스타를 섬기는
이동원, 홍정길 드림

프롤로그

PART 1
하늘의 법칙을 따라
복음을 자랑하는 사람이 된다

CHAPTER 1

홍정길 인생에 주신 명령
내 평생 붙잡을 풍요의 사명 12

CHAPTER 2

이동원 남은 인생의 도전
세상을 바꿔볼 마음 없는가? 36

CHAPTER 3

김동호 천국의 사고방식
남을 위해 포도원 하는 사람 58

CHAPTER 4

오정현 복음이 자랑스러운 사람
하나님의 능력이 임하는 비밀 82

PART 2
복음의 능력을 입고
민족을 사랑하는 사람이 된다

CHAPTER 5

이용규 내가 아팠던 이유
내 아픔 아시는 아버지 품으로 102

CHAPTER 6

안민 인생 전환 스위치
나의 필요보다 먼저 구할 것 126

차례

CHAPTER 7

주명수 거듭나야 할 이유
세상에서 예수 편들고 살기 148

CHAPTER 8

이재환 땅끝에서 부르는 소리
복음의 다이너마이트가 되어라 162

PART 3
미래의 사명을 알고
땅끝을 회복하는 사람이 된다

CHAPTER 9

정진호 제3세대의 새로운 사명
통일 이후를 품는 온전한 복음 182

CHAPTER 10

정민영 복음의 원초적 목표
땅끝을 위하여 회복되는 공동체 198

CHAPTER 11

이승장 복음과 민족의 사람
꿈은 크게, 행동은 구체적으로 218

복음의 능력 때문에 우리의 죽음 이후까지 미래가 보장되었습니다. 삶의 현장에서도 복음의 능력을 증거하며 살아가게 됩니다. 우리의 밑천은 죽어도 천국이기 때문입니다.

하늘의 법칙을 따라
복음을 자랑하는 사람이 된다

PART

1

내 평생 붙잡을 풍요의 사명

인 생 에 주 신 명 령

CHAPTER 1
홍정길

코스타 설립자, 남서울은혜교회 담임목사, 밀알학교 이사장, 남북나눔운동 사무총장. 숭실대학교 철학과와 총신대학교 신학과를 졸업하고, 한국대학생선교회(CCC) 총무를 역임했다.

저는 포항이라는 도시를 참 좋아합니다. 한동대학교가 있어서 좋고, 김영길 총장님이 있어서 더 좋습니다. 또 선린병원이 있고 그 병원 원장인 이건오 장로님이 있어서 좋습니다. 그는 부산에서 자랐지만, 저와는 대학 때부터 신앙의 동지로 평생을 동역해왔습니다.

하루는 그와 함께 포항의 어느 교회에서 집회를 한 적이 있는데, 집회가 끝나자 그 교회 목사님이 이렇게 말했습니다.

"원래 우리 교회에서 홍 목사님께 음식을 대접하려고 준비를 다 해 놓았습니다. 그런데 집회가 끝나자마자 다른 교회의 어떤 집사님이 와서 막무가내로 자기가 식사 대접을 해야 된다고 강청하니, 할 수 없이 그곳으로 가야 하게 되었습니다."

저야 꼭 어떤 것을 먹어야 된다는 욕심이 별로 없는 사람이기 때문에 누가 점심을 사든 상관이 없습니다. 그래서 일행을 따라 어느 횟집으로 들어가게 되었습니다. 저를 초청했다는 집사님이 제게 인사를 하더니, 그 횟집이 자기가 운영하는 식당이라고 소개했습니다. 그 분에게 식사를 대접 받으면서, 그가 횟집을 운영하게 된 간증을 듣게 되었습니다.

바다 위에 안수기도를

그 집사님은 포항 한쪽 포구에서 그물을 고정해두고 물고기를 잡는 정치망어업(定置網漁業)을 하고 있었습니다. 그런데 몇 년째 고기가 잘 잡히지 않자 어업을 접고 횟집을 열어야겠다고 마음 먹었습니다. 아는 것이 물고기밖에 없었기 때문에 횟집을 열었는데, 그만 그 횟집도 망하게 되었습니다. 자기만 망하면 어떻게 해보겠는데, 주변 사람들에게 빚을 많이 졌기 때문에 처가도 망하고 동생까지 망하게 생겼습니다. 그래서 그 집사님이 절망하며 하나님께 부르짖기 시작했다고 합니다.

그때까지는 기도도 잘 하지 않던 사람이 망하게 생겼으니까 하나님께 기도한다는 것이 한편으로는 볼썽사납다는 생각도 들었다고 합니다. 하지만 기도밖에는 할 수 있는 것이 없었습니다. 또 자기 혼자만의 기도로는 안 될 것 같아 출석하는 교회의 목사님을 초대했습니다.

"제가 중대하게 의논할 게 있어서 그러는데, 목사님을 잠시 바다로 안내하고 싶습니다."

목사님을 배에 태우고 한참 노를 저어 갔습니다. 육지에서 조금 떨어진 바다 위에 배를 멈추고는 목사님에게 이런 요청을 했다고 합니다.

"바로 이 바다 아래에 제가 펼쳐놓은 정치망이 있습니다. 그런데 고기가 안 잡혀서 제 마음이 어렵습니다. 목사님이 이 바다에 안수기도를 좀 해주세요."

사람도 아니고 바다에 대고 안수기도를 해달라니, 목사님은 몹시 당황하고 민망했습니다. 그러나 자기 교회 성도가 하도 간청을 하자 할 수 없이 "그러면 집사님, 우리가 같이 손을 잡고 기도합시다"라고 말하고 열심히 기도했습니다.

다음 날이 되어 집사님이 정치망에 다시 나가보았습니다. 그랬더니 정치망에 우리나라에서는 잘 잡히지 않는 고급 남방어종이 가득 들어와 있는 겁니다. 내다 팔면 밀린 빚을 다 갚을 수 있을 정도로 값비싼 물고기였다고 합니다. 그러자 집사님은 이제 목사님을 의지하지 않고 하나님 앞에서 혼자 목 놓아 부르짖기 시작했습니다.

"어제 목사님의 기도를 들으시고 이 그물을 가득 채워주신 주님, 오늘은 제 기도도 들어주셔서 다시 한번 복을 주십시오. 그래야 간신히 꾸려놓은 이 횟집, 다 망하게 되었지만 다시 시작할 수 있겠습니다."

그랬더니 이번에는 밍크고래 두 마리가 정치망 안으로 들어왔습니다. 그의 설명을 들어보니 그것은 정말 기적이었습니다.

"그 정치망 입구가 너무 좁아 밍크고래는 들어갈 수 없습니다. 밍크고래가 스스로 잡히셨나고 몸을 들이밀어야 간신히 들어갈 수 있을 정도로 좁거든요. 그래서 제가 이 횟집을 다시 시작할 수 있게 되었는데, 어떻게 목사님을 대접하지 않을 수 있겠습니까?"

기적의 원본과 복사본

포항의 횟집 주인이 체험한 기적의 원본이 누가복음 5장에 나옵니다. 이미 2000년 전 게네사렛 호숫가에서 일어난 일입니다(눅 5:1). 게네사렛은 갈릴리 호수에 인접한 서쪽 해안 지역의 지명으로, 게네사렛 호수는 바다처럼 넓은 갈릴리 호수를 다르게 부르는 말이기도 합니다.

'게네'는 풍족하다는 말이고 게네사렛은 '풍요의 정원'이라는 말입니다. 요세푸스의 사기(史記)에 의하면 이스라엘에서 가장 좋은 옥토가 게네사렛에 있었다고 합니다. 비옥한 게네사렛에서는 어떤 식물이라도 잘 자라났기 때문에 그런 이름이 붙은 것입니다.

게네사렛은 땅이 비옥할 뿐 아니라 물고기도 풍성합니다. 게네사렛 호수에는 이스라엘에서 가장 빨리 생육한다는 일명 '베드로 물고기'(Peter's fish)가 많습니다. 강원도 춘천 의왕댐 인근에 가면 향어가 유명한데 그것을 '이스라엘 잉어'라고도 부릅니다. 이스라엘 게네사렛 호수에서 가져온 베드로 물고기를 소양강에 풀어놓았기 때문입니다. 향어의 고향이 바로 갈릴리 호수인 것입니다.

한국의 전통 잉어는 길이가 길고 수염이 나 있습니다. 그런데 이스라엘 잉어는 붕어처럼 몸이 옆으로 퍼져 있습니다. 담수어(淡水魚), 즉 민물고기 중에 생장속도가 가장 빠릅니다. 이스라엘 사람들은 갈릴리 호수에서 잡아 올리는 향어를 통해 그들에게 필요한 단백질을 늘 공급받을 수 있었습니다. 게네사렛은 이렇게 좋은 물고기가 많아 '풍요의 정원'이기도 했던 것입니다.

그런데 물고기보다 더 중요한 것이 게네사렛 호수에 있습니다. 다름 아닌 물입니다. 게네사렛 호수에는 이스라엘 사람들에게 정말 귀하고 좋은 물이 풍족합니다.

가자(Gaza) 지방을 처음 점령했던 이스라엘 사람들이 공동체 마을인 키부츠를 만들기 위해서는 물이 필요했습니다. 우물을 밑으로 계속 파내려 가는데, 갑자기 새까만 액체가 솟구쳤습니다. 무엇이었을까요? 석유였습니다. 우리 같았으면 온 나라가 '하나님이 보우하사' 하고 노래하며 기뻐했을 것입니다. 그런데 그들은 물이 나오지 않았다고 통곡했습니다.

기름이 없는 것은 불편할 뿐입니다. 그러나 물이 없으면 사람이 죽습니다. 이스라엘은 기름이 나왔다고 사람들이 통곡했을 정도로 강우량이 적고 물이 소중한 나라입니다. 그런 이스라엘이 젖과 꿀이 흐르는 땅으로 알려지고 농사한 수확물을 유럽에까지 수출할 수 있게 된 기반은 바로 이 게네사렛 호수에서 끊임없이 공급되는 물 때문입니다.

세 가지 오류

좋은 땅과 물, 그리고 많은 물고기 때문에 게네시렛은 문지 그대로 풍요의 정원이었습니다. 베드로는 바로 그곳에서 어려서부터 어업을 해온 어부였습니다. 그가 형제 안드레와 친구들과 함께 경험과 기술을 다해서 열심히 고기를 잡고 있엇습니다. 그렇지만 이상하게도 그날따라 아무리 애쓰고 수고해도 고기를 잡을 수 없었습니다.

그런데 그때, 어떤 사람이 무리를 끌고 오는 것을 보게 됩니다. 누가 오든 말든, 베드로는 신경 쓰지 않고 그물을 씻었습니다. '오늘은 고기잡이에 실패했지만 다음에는 잘해봐야지'라고 생각하며 그물을 정리하고 있는데, 그 사람이 베드로에게 다가오더니 이런 부탁을 합니다.

"너의 배를 호수 쪽으로 조금 띄워줄 수 있겠느냐?"

그래서 배를 띄워주었습니다. 그분이 배에 올라앉더니 말씀을 하시기 시작합니다. 베드로는 하던 일을 멈출 수는 없어서, 그분의 말씀을 들으며 계속 일을 했습니다. 그분은 청중들에게 하던 말씀을 마치시더니 베드로에게 이렇게 말씀합니다.

"깊은 데로 가서 그물을 내려 고기를 잡으라"(눅 5:4).

깊은 데로 가서 그물을 내리라는 이 말은 세 가지 부분에서 틀렸습니다.

첫째, 고기를 잡으라고 명령한 사람은 목수입니다. 어업을 전혀 모르는 목수가 평생을 어부로 산 베드로에게 깊은 데로 가서 물고기를 잡으라는 명령을 하고 있습니다. 말도 안 되는 겁니다.

둘째, 그때는 밤이 아니었습니다. 밤새도록 고기잡이를 하다가 실패한 베드로가 그물을 씻고 있다고 했으니 이미 한낮이 되었을 겁니다. 물고기는 주로 밤에 잡습니다. 그 이유는, 물고기가 밤에는 아무것도 볼 수 없기 때문입니다. 물고기도 보는 눈이 있어서 낮에 그물을 보면 피해버립니다. 그러니 지금은 그물을 내릴 시간이 아닙니다.

셋째, "깊은 데로 가라"는 말이 틀렸습니다. 그물을 바닥까지 내려서 끌어야 물고기가 도망가지 못합니다. 그러자면 아무래도 얕은 데서 그물을 내려야 합니다. 그렇게 하지 않으면 물고기가 밑바닥으로 내려가 도망치고 맙니다. 물고기는 위험을 느끼면 밑으로 도망가기 때문입니다. 그런데 그분은 깊은 데로 가라고 말합니다. 말이 안 됩니다.

그러니 모두 세 가지가 틀렸습니다. 첫째, 목수가 어부에게 고기 잡을 것을 명령하고 있습니다. 둘째, 때가 아닌 때에 그물을 치라고 합니다. 셋째, 그물을 쳐서는 안 되는 깊은 곳으로 가서 그물을 치라고 말합니다. 그럼에도 불구하고 베드로는 놀라운 고백을 하고 있습니다.

"시몬이 대답하여 이르되 우리들이 밤이 새도록 수고하였으되 잡은 것이 없지마는 말씀에 의지하여 내가 그물을 내리리이다 하고"(눅 5:5).

어부가 예수님의 말씀에 의지하여 그물을 내리겠다고 말합니다. 그는 아마도 예수님에 대한 많은 이야기를 이미 들었을 것입니다. 그런 그에게 그날 자기 배에서 하시던 예수님의 말씀이 그 마음속에 비수처럼 들어오기 시작했습니다. 그러면서 '이것은 내가 배워야 될 진리이며 내 마음에 새겨야 할 의미 있는 말씀이다'라고 느끼게 되었을 것입니다.

보증수표 같은 인생이 되라

우리가 하나님을 믿는다고 말은 합니다. 그러나 무엇을 믿습니까? 내가 어떤 사람을 믿는다고 말할 때는 그의 외모를 믿는 것이 아니라 그의 인격을 믿는 것입니다. 그런 것처럼 하나님을 믿는다고 말할 때는 하나님의 인격을 믿는다는 말입니다.

그러면 인격을 믿는다는 말의 구체적인 증거는 무엇일까요? 그가 하는 말을 믿는 것입니다.

"그 사람 인격은 참 믿을 만한데, 하는 말은 못 믿겠어."

이런 말 없습니다.

인격자란 돈이 많은 사람을 지칭하지 않습니다. 사회적으로 신분이 높은 사람도 아닙니다. 세상에서 성공한 사람을 말하지도 않습니다. 자기가 한 말에 책임지는 사람을 인격자라고 말합니다. 그러므로 하나님을 믿는 것은 하나님의 말씀을 믿는 것입니다.

제가 예수 처음 믿고 나서 한국대학생선교회(CCC)의 창설자이신 고(故) 김준곤 목사님을 통해 비전을 갖는다는 것이 얼마나 인생을 강하게 하고 풍성하게 만드는 것인지를 배웠습니다. 꿈을 품는 일의 소중함을 그 분에게서 배웠습니다.

그런데 제게 또 다른 문제는 일상이었습니다. 날마다 걸어가야 하는 것이 인생인데, 땅에 발을 붙이고 어떻게 걸어가야 하는지를 잘 몰랐습니다. 그래서 여러 사람에게 물어보니 예수 믿는 사람 중에 대한민국에서 가장 훌륭한 인격을 가진 분이 가나안농군학교의 설립자이신 고(故) 김용기 장로님이라고 했습니다. 그래서 가나안농군학교에 들어가서 김용기 장로님과 함께 한동안 살았습니다.

제가 놀란 것은 그 분은 자기가 말한 그대로 사신다는 것이었습니다. 제가 농군학교를 떠나오는 날 김용기 장로님이 저를 부르시더니 이렇게 말씀하셨습니다.

"홍 군, 자네는 말이야, 말 한 마디가 보증수표 같은 인생이 되게."

그 어른에게 이런 말씀을 듣지 않았으면 제 인생이 좀 쉬웠을 텐데, 이 말씀을 들어서 얼마나 손해를 많이 보고 바보라는 말도 많이 듣고 살았는지 모릅니다.

인격이 바로 말이고 말이 인격입니다. 그래서 사도 바울은 로마서에서 믿음의 본질에 대해 이렇게 말합니다.

"그러므로 믿음은 들음에서 나며 들음은 그리스도의 말씀으로 말미암았느니라"(롬 10:17).

믿음이 어디에서 난다고요? 들음에서 나옵니다. 무엇을 들어서 난다고요? 말씀입니다. 그러므로 믿음은 말씀을 믿는 것입니다.

예수님의 어머니인 마리아가 갈릴리 가나에서 열린 혼인잔치에서 하인들에게 이렇게 말합니다.

"너희에게 무슨 말씀을 하시든지 그대로 하라"(요 2:5).

이것이 모든 예수 믿는 사람에게 주는 마리아의 교훈입니다. 예수님이 무슨 말씀을 하시든지, 누구라도 그대로 하라는 것입니다. 이해가 되든지 되지 않든지, 감정적으로 받기 좋은 말이든지 싫은 말이든지, 무슨 말씀을 하시든지 그대로 하라는 것입니다. 이런 순종이 진정한 믿음입니다.

만선(滿船)보다 귀한 세 가지 축복

베드로는 말씀에 의지해서 그물을 내렸습니다. 목수의 말을 어부가 들었습니다. 고기 잡을 때가 아닌데도 그물을 내렸습니다. 그물을 내릴 장소도 아니었지만 그분이 말씀하셨기에 그물을 내렸습니다. 그러자 "있으라" 명령하심에 천지가 생겨나게 하신 그분의 말씀, 물과 뭍이 나뉘라고 명령하시니 물과 뭍이 나눠진 말씀의 능력이 그때 그 현장에서 역사하기 시작합니다.

이것은 비좁은 정치망에 밍크고래가 들어온 것처럼, 물고기들이 그 그물을 보고 몸을 던져 달려들지 않으면 불가능했을, 정말 말도 안 되는 어업 방법입니다. 그런데 베드로가 그분의 말씀에 의지하니까, 주님의 말씀은 사람으로는 할 수 없는 일에도 그처럼 아름다운 열매를 맺었습니다.

저는 "주의 말씀을 들었더니 만선(滿船)을 얻었다"라는 결론에서 이 말씀을 끝내고 싶지 않습니다. 시몬 베드로는 만선보다 더 귀하고 영광스럽고 아름다운 축복을 세 가지나 더 붙잡았습니다.

베드로가 첫 번째로 붙잡은 것은 주님입니다

누가복음 5장 8절을 보면 베드로는 동무들과 함께 만선한 배를 끌고 왔습니다. 그리고 그는 그 배를 버려두고 뛰어와서 예수님의 발 앞에 엎드려 이렇게 말합니다.

"주여 나를 떠나소서 나는 죄인이로소이다!"(눅 5:8).

그는 주님을 만났습니다. 만선보다 더 큰 축복입니다. 그는 나중에 이 고백을 더 정확하게 합니다. 예수께서 어느 날 제자들에게 문습니다.

"사람들이 나를 누구라 하느냐?"

"어떤 사람은 예레미야라고 합니다. 어떤 사람은 엘리야라고 합니다. 어떤 사람은 세례요한이라고 합니다."

"그러면 너희는 나를 누구라 하느냐?"

시몬 베드로가 말합니다.

"주는 그리스도시요 살아 계신 하나님의 아들이시니이다"(요 11:27).

베드로는 주님을 만났습니다.

베드로는 한 사나이가 많은 사람과 함께 오는 것을 보았습니다. 그리고 그의 말씀을 들었습니다. 그러자 그분을 '선생님'이라고 부릅니다(눅 5:5). 그런데 그분의 말씀에 순종하고 기적을 체험한 다음에는 '주'(主)로 호칭이 바뀌게 됩니다. 그리고 "주는 그리스도시요 하나님의 아들"이시라는 완전한 고백으로 발전합니다. 그러자 주께서 말씀하십니다.

"예수께서 대답하여 이르시되 바요나 시몬아 네가 복이 있도다 이를 네게 알게 한 이는 혈육이 아니요 하늘에 계신 내 아버지시니라"(마 16:17).

저는 대학교를 입학할 때에 예수를 믿고 싶지 않아서 철학과를 선택했습니다. 우리 집이 어릴 때부터 예수 믿으라고 하니까 예수 믿는 게 지겨웠습니다. 주변의 예수 믿는 사람들도 마음에 들지도 않았습니다. 그렇지만 예수는 안 믿어도 그 근거와 이유는 알고서 안 믿어야지, 무식하게 아무 이유 없이 안 믿는다고 하면 안 되겠다 싶었습니다.

그래서 신학을 할까 생각도 했지만 그러면 아무래도 결국 목사가 될 것 같아서 철학을 선택한 것입니다.

제가 철학과에 들어가서 1학년 때 제일 처음 봤던 책이 《나는 왜 기독교인이 아닌가?》(Why I am not a Christian)라는 책이었습니다. 영국의 철학자이자 수학논리학자, 역사가, 사회비평가이며 노벨문학상 수상 작가인 버트란트 러셀(Bertrand Russell)이 쓴 책입니다.

러셀은 그 책에서 토마스 아퀴나스가 쓴 《신학대전》 가운데 '하나님 존재에 대한 5가지 증명'을 산산이 조각냈습니다. 저는 신학대전이라는 책을 보기도 전에 그 책이 얼마나 나쁘고 바보 같은 책'인지를 러셀을 통해 먼저 배웠습니다. 그러나 사실 《신학대전》이라는 책은 우리가 지금 알고 있는 기독교 신앙의 기본을 말하고 있습니다. 그럼에도 불구하고 저는 러셀의 책을 읽고서, "그럼 그렇지. 내가 선택을 잘 했어!" 하면서 얼마나 기분 좋아했는지 모릅니다. 그런데 1965년 7월 24일, 저를 찾아오신 주님 앞에 저는 무릎을 꿇었습니다. 그리고 《신학대전》을 다시 읽었습니다. 얼마나 은혜를 많이 받았는지 모릅니다.

천재나 다름없는 러셀은 혈육으로 본 것이긴 하겠지만, 그는 나보다 100배나 1,000배나 더 많이 성경을 보았을 것입니다. 그런데 그 혈육의 노력으로도 러셀은 예수님이 누구이신지 몰랐습니다.

저는 러셀이라는 사람이라도 의지해서 예수를 안 믿어 보려고 발버둥치고 노력했습니다. 그러나 성령께서 내 속에 빛을 비춰주시니 예수 그리스도가 저의 구세주이시며 주님이시라는 사실을 알게 되었습니다. 하룻밤을 잠도 자지 못한 채 뒹굴면서 울고, 감격하며 기도했습니다.

그 밤에 기도할 때 주님이 제게 이렇게 말씀하셨습니다.

"너 오랫동안 참 투정 많이 했다."

저는 다른 것은 다 잊어도 그때 들은 그 음성을 잊을 수가 없습니다. 하나님이 제게서 멀리 떠나 계신 것 같고 예수님이 저와 상관없는 것 같을 때에, 다시 그 음성을 회상하며 무릎을 꿇습니다. 지금도 그 자비로운 음성을 생각할 때마다, 온 세상에서 마치 나 하나밖에는 사랑하는 사람이 없는 것처럼 나를 품어주시는, 우리 주님의 따뜻한 품을 만납니다. 그 주님을 베드로가 만났습니다.

베드로가 두 번째로 만난 것은 바로 그 자신이었습니다

베드로는 "주여 나는 죄인이로소이다"라고 하면서 자신이 죄인인 사실을 발견했습니다.

어둠으로 꽉 찬 방에서는 뭐가 뭔지 모릅니다. 그러나 빛이 들어오면 그 속에 있는 모든 것이 낱낱이 드러납니다. 빛 되신 주님 앞에 내 인생이 드러나기 시작하면 나의 모습이 보이기 시작합니다. 그래서 나는 죄인이라고 고백할 수밖에 없습니다.

예수 그리스도 앞에 서보기 전에 저는 저 스스로를 당당한 인생이라고 생각했습니다. 다른 사람하고 비교해보아도 꽤 괜찮아 보였습니다. 그런데 예수 그리스도의 빛 앞에 저를 세워보니 제가 얼마나 무지몽매하고 추하고 더럽고 악한 모습인지요. 밝은 빛 앞에 저를 비춰보니 죄인인 제 모습을 보았습니다.

홍정길만 죄인일까요? 성경은 말합니다.

"기록된 바 의인은 없나니 하나도 없으며 깨닫는 자도 없고 하나님을 찾는 자도 없고 다 치우쳐 함께 무익하게 되고 선을 행하는 자는 없나니 하나도 없도다"(롬 3:10-12).

"모든 사람이 죄를 범하였으매 하나님의 영광에 이르지 못하더니" (롬 3:23).

모든 사람이 죄인이라는 증거를 제가 대보겠습니다. 제 손자들이 참 예쁩니다. 세상에서 제 손자들처럼 예쁜 사람 못 봤습니다. 모든 할아버지의 착각일 테지만, 그 놈들이 그냥 제 심장을 당깁니다. 정말 사랑스럽습니다.

하나는 여섯 살이고 하나는 세 살일 때 일인데, 제가 미국 코스타에 간 김에 일주일 동안 그들과 함께 있었습니다. 이 할아버지가 선물을 두 개 사서 하나씩 나눠주었습니다. 조금 가지고 놀더니, 형이 자기 선물에 흥미를 잃으니까 동생 것을 빼앗았습니다. 동생 것을 빼앗아 가지고 노는데, 이상하게 동생 것은 더 빨리 싫증이 납니다. 다시 자기 것을 찾으려는데 이번에는 동생이 붙잡고 빼앗기지 않으려고 합니다. 빼앗기지 않으려는 동생을 향해 흘기는 형의 눈을 보니 독사의 눈이었습니다.

이번에는 동생이 형에게 뺏기지 않으려고 자기 물건을 자꾸 감춰놓습니다. 어디 두었느냐고 물으니까 세 살짜리가 모른다고 벌써부터 거짓말을 합니다. 할아버지는 목사니까 절대 거짓말을 안 가르쳤습니다. 그러면 아비가 가르쳤을까요? 어미가 가르쳤을까요? 아무도 가르치지 않았습니다. 그런데 이놈들이 능숙하게 거짓말을 하고 능숙하게 미워합니다.

이 세상을 살펴보면 누구나 마찬가지입니다. 선한 일을 하려면 굉장히 힘들고 오해도 많이 받습니다. 저항이 얼마나 큰지 모릅니다. 그런데 죄를 지으려면 얼마나 능숙하고 자연스럽고 편한지 모릅니다. 왜 그럴까요? 내 속에 죄가 있기 때문입니다.

하루는 가수 타블로와 두 시간을 같이 보낸 적이 있었습니다. 그가 누리꾼들에게 당한 글들을 보았을 때, 세상이 이렇게까지 악해졌나 싶은 생각이 들었습니다. 그 글들의 잔인함과 표독스러움을 읽어보니 사람이 이렇게까지 잔인해질 수 있나 싶었습니다.

젊은이들이여, 당신들이 하는 욕의 의미를 알고서 욕을 합니까? 요즘은 예쁜 여대생들까지 버럭버럭 욕을 잘하는 것을 봅니다. 왜 이처럼 악이 만연해진 것입니까? 왜 그럴까요? 아무도 가르치지 않았습니다. 인간이 원래 죄인이기 때문입니다.

사과나무는 반드시 사과만 엽니다. 포도나무는 반드시 포도만 엽니다. 그래서 사과나무이고 포도나무입니다. 인간이 죄인이기 때문에 죄가 그처럼 쉽습니다. 너무 자연스러워서 내가 죄인인 줄도 모르고 살다가, 흠도 티도 없으신 우리 주님의 밝은 빛 앞에 내 모습이 드러나면 베드로처럼 엎어지는 겁니다.

"주여, 나를 떠나십시오. 나는 죄인입니다."

베드로는 자기 모습을 처음 본 것입니다. 그래서 자신을 향해 절망할 수밖에 없었습니다. 자신에게 절망한 사람은 그 문제를 해결하기 위해 하나님의 유일한 해결책이신 예수 그리스도, 우리의 주님이시고 구세주이신 예수 그리스도 앞에 나아갈 수밖에 없습니다.

요즘도 저는 저를 믿을 수가 없습니다. 나이 70이 다 된 제가 가장 많이 기도하는 기도제목이 무엇인지 아십니까? 바로 이것입니다.

"주여, 저를, 홍정길 이 한 몸을 불쌍히 여겨주십시오."

사실 제 기도의 3분의 1이 이것입니다. 이제는 나이도 들고 조금 자랐으니까 더 멋진 기도를 하고, 기도 시간을 중보기도에 더 많이 할애해야 할 텐데, 지금도 내 기도 시간의 3분의 1은 내 모습을 보며 아파하면서 기도할 수밖에 없고 내 거짓을 보면서 울 수밖에 없고 내 믿음 없음을 보면서 절망할 수밖에 없습니다. 주께서 그 큰 구속으로 나를 붙잡아주셨는데도 이 모양 이 꼴밖에 안 되는 나를 보면서 절망합니다. 그리고 저는 그 절망 때문에 주님을 신뢰하지 않을 수가 없습니다. 홍정길이라는 사람은 전혀 쓸모없고 신뢰할 만한 가치가 없습니다. 그러나 내 영혼의 반석이신 그분 가운데 서 있을 때, 나는 든든합니다.

베드로가 세 번째로 붙잡은 것은 사명입니다

베드로는 주님만 만난 것이 아니라 사명을 붙잡게 됩니다.

"예수께서 시몬에게 이르시되 무서워하지 말라 이제 후로는 네가 사람을 취하리라 하시니"(눅 5:10).

베드로는 고기 잡는 사람이었습니다. 그런데 사람의 영혼을 낚는 어부가 된 것입니다. 이제까지는 살아 있는 물고기를 잡아먹기 위해 죽음을 낚았던 어부였다면 지금은 정반대가 되었습니다. 죽은 인생을 낚아 예수께서 주시는 참 생명을 안겨주는 어부가 된 것입니다.

사명이란 주께서 내 인생에 주신 명령입니다. 주께서 "너는 이것을 해라. 이것이 평생 네가 붙잡고 살아야 될 일이야"라고 말씀하시면 그 사명을 붙잡게 됩니다. 이때부터 내가 무엇을 해야 하는지 알게 됩니다. 그전까지는 누구나 헤매는 인생입니다.

사도 바울은 사명을 붙잡고 이렇게 고백했습니다.

"내가 달려갈 길과 주 예수께 받은 사명 곧 하나님의 은혜의 복음을 증언하는 일을 마치려 함에는 나의 생명조차 조금도 귀한 것으로 여기지 아니하노라"(행 20:24).

당신의 인생에 달려갈 길이 있습니까?

누구에게나 각자만의 고유한 '나의 길'(my own way)이 있습니다. 아무도 흉내 낼 수 없는, 하나님께서 내게만 주시는 인생입니다. 그런데 그것은 영원히 달리는 것이 아니라 마침이 있습니다. 이처럼 달려가고 마칠 때까지 내 인생을 인생 되게 만드는 것이 있습니다. 그것을 사명이라고 합니다.

사람들이 사명 좋은 것은 다 압니다. 그러나 문제는 사명을 위해서는 반드시 내가를 지불해야 한다는 것입니다. 대가를 지불하지 않고 사명을 이루는 경우는 없습니다. 사도 바울은 자기의 생명을 대가로 지불하겠다고 말합니다. 그런데 우리는 사명을 팔아서 편리를 사고 명성을 삽니다. 사명을 팔아서 내 이익을 만들어 내는 경우가 얼마나 많은지 모릅니다.

사랑하는 하나님의 사람들이여, 예수가 주이신 줄 믿습니까? 그리고 내가 그리스도께서 구속해주지 않으시면 이미 죽은 죄인이라는 사실을 믿습니까? 구속해주신 주님께서는 한 번밖에 못 사는 내 생애를 위해 가장 멋진 설계도를 준비하시고 내 인생을 인도하신다는 사실을 믿으십니까?

사명에 충성하는 사람을 보면 그 인생이 빛이 납니다. 땅에 코를 박고 살던 인생에 사명이라는 날개가 달리면, 창공을 날아오르는 인생이 됩니다. 인생을 가장 멋지고 가장 가볍게 만드는 것이 사명인 것입니다.

허드슨 테일러(James Hudson Taylor, 1832~1905, 중국 선교의 선구자)라는 선교사의 인생에 사명은 풍요 그 자체였습니다. 그는 처음에는 '연안 선교'라고 하여 뱃길이 닿는 곳만 찾아가 선교사역을 했습니다. 그러던 어느 날, "뱃길만 다녀서야 되겠는가? 하나님을 의지하고 중국 내지(內地)로 들어가겠다"라고 사명을 밝히고 중국내지선교회(China Inland Mission)를 만들었습니다. 어떤 사람에게도 손을 벌리지 않습니다. 선교사만 보내달라고 기도했습니다. 모금 기관도 없이 선교사와 함께 중국 오지를 돌아다녔습니다.

어느 날 누군가 그에게 물었습니다.

"테일러 선교사님, 그렇게 일하시면 부족한 재정을 어떻게 보충합니까?"

그는 이렇게 말했습니다.

"사명이 있는 곳에 하나님의 넘치는 축복의 손길이 끊기는 법은 절대로 없습니다."

그래서 사명은 풍요 자체입니다. 사명은 인생의 강한 보루입니다. 사명만 붙잡고 가면 죽지 않습니다. 사명이 끝나지 않은 한 사람의 사명자 때문에 비행기 엔진이 고장 나도 떨어지지 않게 해주십니다. 풍랑이 나더라도 그 한 사람 때문에 배가 바다에 빠지지 않을 것입니다.

하나님께서는 유라굴로 광풍 속에서도 사도 바울 한 명을 보호하기 위해 배에 탄 사람 전체를 살려주셨습니다. 요셉 한 사람을 위해 애굽을 풍성한 손길로 채워주셨습니다. 우리 하나님은 전능하신 하나님이십니다.

그래서 베드로는 사명을 붙잡자마자 뭍에 올라와서 예수 그리스도를 좇았습니다. 기적으로 잡은 값비싼 고기도, 고기를 잡던 도구인 배와 그물도, 그리고 지금까지 애쓰고 수고했던 경험과 경력까지 모두 버렸습니다. 그가 의지했던 모든 것을 던져버릴 만큼 예수님은 그에게 절대적이고 가장 소중한 분이 되었습니다.

예수는 당신에게 누구인가?

나는 오늘 당신에게 이렇게 질문하고 싶습니다.

"그 예수는 당신에게 어떤 분이십니까?"

그저 2000년 전에 살았던 조금 특이한 남자입니까? 억울하게 비명횡사한 젊은이라고 생각하십니까? 그렇게 생각하는 사람이 의외로 많습니다. 예수는 당신에게 어떤 분입니까?

예수를 선생님으로 생각하면서 그 말씀의 빛을 즐거워하는 사람이 있습니다. 마하트마 간디는 산상수훈을 늘 외고 다녔다고 합니다. 그는 이렇게 말했습니다.

"예수는 내 인생에 가장 큰 빛이었고 스승이었습니다."

그런데 요즘 교회를 보면 이런 수준에서 예수님을 믿는 사람들이 의외로 많습니다. 특별히 지성인이라는 사람들에게 이런 비극이 있습니다.

사실 예수의 삶은 우리가 지적으로 유희하기에 충분할 만한 논거를 주지 않았습니다. 사람은 나이가 들면 대개 겸손해지는데 예수는 겸손하지 않습니다. "내가 곧 길이요 진리요 생명이니 나로 말미암지 않고는 아버지께로 올 자가 없느니라"(요 14:6)라고 했습니다. 자신이 양(羊)의 문(門)이며 그 자신 외에는 모두 도둑이라고 말했습니다(요 10:7,8). 그리고 "나와 아버지는 하나이니라"고 말씀했습니다(요 10:30). 보통 사람의 논리로 보면 예수는 사기꾼이 아니면 미치광이입니다. C. S. 루이스는 그의 책 《순전한 기독교》에서 이렇게 말합니다.

"역사상 누군가 예수와 같은 말을 했다면 둘 중에 하나이다. 사기꾼이든지 미치광이든지. 그의 33년의 삶은 그가 인류의 스승이라는 여지를 우리에게 주지 않았다. 그가 말한 대로 예수가 참으로 구세주 주님이든지, 그렇지 아니면 사기꾼이든지, 우리는 둘 중에 하나는 믿어야 된다."

저는 그의 말에 동의합니다. 당신에게 예수는 누구입니까? 이 귀한 질문 앞에 솔직하게 섭시다. 예수 그리스도 앞에 정직하게 서서, 내 인생의 주인 되신 주님 앞에 나오면 주님은 우리를 영접하십니다. "내게 오는 자는 내가 결코 내쫓지 아니하리라"(요 6:37)라고 하셨습니다. 심지어 우리가 다가가기도 전에 우리를 찾아오신다고 말씀하십니다.

"볼지어다 내가 문 밖에 서서 두드리노니 누구든지 내 음성을 듣고 문을 열면 내가 그에게로 들어가 그와 더불어 먹고 그는 나와 더불어 먹으리라"(계 3:20).

우리가 예수님께 나가기도 전에, 그분이 내 문 밖에 서서 두드렸다는 것이 사실인가요? 사실입니다.

저는 예수를 안 믿으려고 도망 다녔습니다. 그런데 제 친구들이 "너는 예수 믿어야 산다" 하면서 좇아와 제 인생의 마음 문을 두드렸습니다. 제 동생은 술 먹고 비틀거리던 저를 붙들고 "형은 이러면 안 돼! 형은 예수 믿는 사람 아니야?" 하더니 제 뺨을 때렸습니다.

제 부모님은 술에 절어 있는 아들을 보면서 새벽마다 자동 시계처럼 4시에 일어나서 7시까지 쉬지 않고 기도하셨습니다. 그렇게 간절하게 저에게 주님이 필요하다고 말씀하셨습니다. 예수 안 믿으면 제가 더 손해인데, 마치 당신들이 아쉬운 거지인 것처럼, 예수님의 손이 되어 계속 제 인생의 문을 두드렸습니다.

이미 예수를 믿은 당신의 생애에도 예수님의 손이 되어서 당신의 마음 문을 노크한 사람이 얼마나 많았습니까? 주님은 '문 밖에 서서' 두드린다고 하십니다. 이 말은 거지가 구걸할 때 쓰는 단어와 똑같습니다. 하나님께서는 전능하시기 때문에 그 문을 부수고라도 들어오실 수 있습니다. 그러나 하나님은 우리를 인격으로 대우하십니다. 거지처럼 문 밖에 서서 두드리면서 아픈 마음으로 계속 기다리십니다. 하나님이 그럴 수 있냐고요? 그러실 수 있습니다.

제 아들도 못되게 굴 때가 많았습니다. 그가 어떻게 사는 것이 인생에서 가장 바른 길인지를 저는 압니다. 그래서 몽둥이를 들고 다리를 부러뜨려서라도 그렇게 살도록 할 수 있습니다. 하지만 그 아이가 스스로 바른 길에 설 때까지 기다렸습니다. 그 아이가 잘못할 때마다 저는 밤을 새며 울면서 계속 기다렸습니다. 그때 저는 하나님 아버지의 마음을 알았습니다. 제가 예수 믿기 전에 그렇게 못되게 살았음에도, 전능하신 능력으로 그 문을 열어버리지 않으시고 끝까지 기다리신 것이 사랑인 줄을 그제야 알았습니다. 전능하시고 크신 하나님이 버러지만도 못한 저를 세상에 하나밖에 없는 인격으로 대우하신다는 사실을, 제 아들이 속 썩일 때 알았습니다.

예수 그리스도를 영접하십시오

주께서 문을 두드리실 때, 그 소리를 들을 때 당신이 해야 할 것이 있습니다. 그 문을 열고 예수님을 영접하는 것입니다. 그리고 그와 더불어 먹는 새 삶을 시작하는 것입니다.

지금도 예수님은 문 밖에 서서 당신의 문을 두드리십니다. 그 문의 손잡이는 내 안에 있어서 내가 열어드려야 합니다. 주님이 문을 두드리는 소리 앞에 내 마음의 문을 열면 주님은 내게로 들어오십니다. 아주 간단합니다. 지금 열어야 합니다. 내일은 안 됩니다.

당신에게 구세주가 필요합니까? 당신의 모순을 해결하고 죄악에서 구원해줄 구주 예수 그리스도가 필요하십니까? 십자가에 죽으셨다가 내 모든 죄를 해결하시고 다시 부활하셔서 나의 주인이 되신 예수 그리스도를 참으로 원하십니까? 그렇다면 그분을 당신의 인생에 초청하십시오.

저는 지금 당신에게 교회 잘 다니고 있는지를 묻고 있지 않습니다. 교회에서 성가대 봉사했는지를 묻고 있지 않습니다. 성경공부 하고 주일학교 봉사했느냐고 묻고 있지 않습니다. 마음 문을 열어서 예수 그리스도를 당신의 인생에 구세주와 주로 모셔 들이기로 결정했는지를 묻고 있습니다.

당신의 외로운 인생 속에 그분이 들어오셔서 구세주와 주님이 되시면, 생명이 시작됩니다. 그분 안에서 그분이 주시는, 이제까지 한 번도 경험할 수 없었던 최상의 복이 당신의 인생에 함께할 것입니다.

세상을 바꿔볼 마음 없는가?

남은 인생의 도전

CHAPTER 2
이동원

KOSTA 국제이사장, 지구촌교회 원로목사, 지구촌미니스트리네트워크(GMN) 대표, 침미준(침례교 미래를 준비하는 모임) 대표, GMF 이사, 한미준(한국교회 미래를 준비하는 모임) 대표, OM 한국훈련원 원장과 이사장(역임).

우주인 가운데 제임스 어윈(James Irwin, 1930~1991)이라는 사람이 있습니다. 그는 1971년 7월 아폴로 15호를 타고 달에 도착했습니다. 문버기(Moon Buggy)라는 월면차를 타고 시속 11킬로미터 속도로 달 표면을 9.6킬로미터 주행하는 기적 같은 일을 연출했습니다.

그런데 제임스 어윈은 전기(傳記)에서 "진짜 기적은 돌아오는 길에 일어났다"고 썼습니다. 그가 지구로 돌아오고 있을 때, 우주 공간에서 작고 푸른 색깔의 공과 같은 지구를 바라보는 바로 그 순간, 그는 갑자기 우주에 충만한 하나님의 임재를 경험합니다. 그것이 그에게 일어난 진짜 기적이었습니다.

작은 공과 같은 지구를 바라보면서, 그는 2000년 전에 하나님께서 그 아들 예수 그리스도를 이런 지구에 보내신 사실이 생각났다고 말합니다. 그때 불같이 뜨거운 열정으로 그의 마음속에 떠오른 성경구절 하나가 있었습니다. 유명한 요한복음 3장 16절 말씀입니다.

"하나님이 세상을 이처럼 사랑하사 독생자를 주셨으니."

그 순간에 지구촌에 살고 있는 사람들이 그의 마음을 가득 채웠다고 합니다. 인종을 초월해서 갈등하고 기뻐하고 슬퍼하며 환희하고 울고 있는 지구촌의 사람들, 그들을 사랑하신 하나님 아버지의 마음이 그의 가슴을 가득 채우기 시작했습니다.

그는 과거에는 한 번도 생각해보지 않은 관점으로 지구를 바라보기 시작했고 지구에 살고 있는 사람들을 쳐다보기 시작했습니다. 그리고 우주선이 땅에 도착했을 때, 그는 과거와 다른 삶을 살기로 결정합니다. 우주에서 경험한 하나님의 사랑, 하나님의 마음과 비전을 가지고 하나님의 사랑을 증거하는 데 그의 일생을 헌신하기로 작정합니다. 우주인은 그가 걸어갈 인생의 길이 아니라고 생각한 것입니다. 그 후 그는 20년 동안, 1991년 그가 죽기까지 우주인이 아닌 복음전도자로 살았습니다. 그는 이런 말을 남겼습니다.

"우주인이 된 것보다 더 좋은 일은 세상에 그리스도를 증거하는 사람이 된 것이다. 나는 우주의 공간에 떠서 신비한 지구를 보는 특권을 얻었다. 그러나 세상을 바라보는 것보다 더 중요한 일은 세상을 바꾸는 일이다."

왜 세상을 바꾸지 않는가?

제가 몇 년 전 한동대를 방문했을 때, 교문을 들어서다가 그 앞에 붙어 있는 학교의 표어에 갑자기 제 가슴이 확 사로잡혔습니다. 한동대가 세워지는 설립 초기부터 여러 번 방문했지만, 그 문구가 제 눈길을 사로잡은 것은 처음이었습니다.

"Why not change the world?"(왜 세상을 바꾸지 않는다는 말인가?)

김영길 박사님이 세상을 바꾸려는 하나님의 비전을 품고 세운 그 학교가 더없이 소중하게 다가왔습니다.

갑자기 제 아들 생각이 났습니다. 저는 이민 가서 두 아들을 초등학교 1학년 때부터 미국에서 키워왔는데, 잘 자라긴 했지만 인생의 특별한 소명도 비전도 없어 보이고 도전도 없어 보였습니다. 제 아들이지만 답답하게 느껴졌습니다. 특별히 제 마음에 둘째가 더 그랬습니다.

둘째는 그 당시 대학에 들어가서 법을 공부하고 싶어했는데 갑자기 제 마음에 한동대학교에 입학하도록 권면하고 싶다는 생각이 들었습니다. 그래서 열심히 아들을 설득했습니다.

"한동대학교에서 한번 공부해봐라. 네가 미국 로스쿨에서 공부하는 것도 좋겠지만, 한국에 와서 공부하면 네 삶의 뿌리였던 한국을 이해하고 아시아를 이해하고, 어쩌면 이 세상을 또 다른 안목으로 이해할지 모른다."

제가 제 아들의 한동대학교 로스쿨 졸업식에 가서 설교했습니다. 설교를 끝내고 제 아들을 끌어안아주니까 첫마디가 이것이었습니다.

"아빠, 저를 이 학교에 보내주셔서 감사해요. 정말 아시아가 보여요. 그리고 세상이 보여요!"

그는 국제 변호사가 되어서 3년간 로펌에서 일했습니다. 그리고 어느 날 제게 전화를 해왔습니다.

"아빠, 기도제목 나눌 게 있어요. 법조인으로서 좋은 길을 걷고 많은 것을 배우고 월급도 많이 받지만, 도전이 없어요. 저, 새로운 모험을 시작하고 싶어요. 그냥 돈만 많이 버는 것이 아니라 정말 가치를 따라 살고 싶은데, 변호사를 계속하면서 새로운 도전을 하고 싶은데, 괜찮아요?"

제가 대답했습니다.

"Why not change the world? 그래 한번 세상을 바꿔봐. 나는 너를 축복하겠다."

세상을 바꾸는 능력의 비결

사도행전 13장에는 세상을 바꾼 어느 공동체의 이야기가 기록되어 있습니다.

"안디옥교회에 선지자들과 교사들이 있으니 곧 바나바와 니게르라 하는 시므온과 구레네 사람 루기오와 분봉 왕 헤롯의 젖동생 마나엔과 및 사울이라 주를 섬겨 금식할 때에 성령이 이르시되 내가 불러 시키는 일을 위하여 바나바와 사울을 따로 세우라 하시니 이에 금식하며 기도하고 두 사람에게 안수하여 보내니라"(행 13:1-3).

안디옥교회는 초대교회에서 가장 큰 교회는 아니었습니다. 가장 큰 교회였던 예루살렘교회가 개척한 교회였습니다. 규모가 얼마나 되었는지는 알 수 없지만, 분명한 사실은 후발주자였다는 것입니다. 그러나 안디옥교회는 세상을 바꾸는 일에 쓰임을 받았습니다.

이 교회는 어느 날 자기들이 살고 있는 세상을 복음화하기 위해 선교사 두 사람을 파송합니다. 바울과 바나바입니다. 한 성경학자는 바울과 바나바, 다시 말해 안디옥교회가 남긴 영향에 대해 이런 글을 남겼습니다.

"1세기의 세상은 이들로 말미암아 질적인 변화를 가져왔다."

그들은 자기들이 살고 있는 세상과 세대 속에 복음이 주는 충격과 영향을 남겼던 것입니다. 그것이 과연 그들의 인간적인 결단과 헌신만으로 가능했을까요? 아닐 것입니다. 살아 계신 주님이 그들과 함께 계셨기 때문입니다. 주님이 그들을 쓰셨기 때문입니다. 살아 계시고 전능하신 주님이 그들과 함께하시고 그들을 쓰셨다면, 오늘날 우리를 통해서도 그런 일이 일어날 수 있지 않겠습니까?

그렇다면 우리가 물어야 할 매우 중요한 질문이 있습니다. 초대교회 1세기에 세상을 바꾸었던 바울과 바나바 같은 선배들이 믿었던 주님을 우리도 동일하게 믿으면서, 우리가 어떻게 세상을 변화시키는 인생을 살아갈 수가 있을까요? 우리가 어떤 사람이 되어야 그들처럼 세상을 바꾸는 사람이 될 수 있을까요?

첫째, 예배의 사람이 되어야 합니다

한글개역개정성경은 사도행전 13장 2절을 이렇게 번역했습니다.

"주를 섬겨 금식할 때에…."

그런데 표준새번역은 이렇게 번역하고 있습니다.

"그들이 주께 예배를 드리며 금식하고 있을 때에…."

그들이 금식만 한 것이 아니라 예배를 드리고 있었다는 것입니다. 안디옥교회가 예배의 자리에서 하나님의 음성을 듣고 놀라운 일을 하기 시작한 것입니다.

우리가 예배를 통해 경험할 수 있는 가장 위대한 축복이 있다면 살아 계신 하나님의 임재를 경험할 수 있다는 것입니다. 믿으십니까? 우리가 예배를 통해 전능하시고 살아 계신 하나님을 만날 수 있다면, 그 하나님이 나와 함께하심을 믿을 수만 있다면, 그리고 그 하나님이 우리의 인생을 인도하신다면, 우리는 어떻게 될까요? 그런데 문제는 우리가 예배가 중요하다는 이 사실을 자주 잊어버린다는 것입니다.

유명한 개혁자 마틴 루터의 일생 가운데 이런 에피소드가 있습니다. 종교개혁을 추진하던 루터가 지쳐서 완전히 탈진하고 말았습니다. 사흘을 자리에 누워 있었다고 합니다. 모든 것을 포기하고 다시는 일어나고 싶지도 않았습니다. 실망과 좌절 속에 빠져 있던 루터 앞에 루터의 아내였던 케이티가 상복을 입고 등장했습니다. 루터가 깜짝 놀라 물었습니다.

"누가 죽었습니까?"

"예, 죽었습니다."

"누가 죽었단 말이오?"

"당신의 하나님이 돌아가셨습니다."

"아니, 당신 무슨 소리를 그렇게 하오?"

"하나님이 돌아가시지 않았다면, 하나님이 살아 계시다면, 당신이 이렇게 포기하고 누워 있을 리가 없지 않습니까?"

이 한 마디가 루터를 깨웠습니다. 그는 벌떡 일어나 아내와 함께 예배의 자리에 나가서 강력한 성령의 은혜를 체험합니다. 그리고 종교개혁이라는 거룩한 소명 앞에 자신의 인생을 드리기로 다시 한번 작정합니다.

우리가 그리스도인이고 하나님의 사람들이지만, 마치 하나님이 없는 것처럼 살아가는 순간들이 있지는 않습니까? 하나님의 사람들의 모든 실패는 살아 계신 하나님을 자주 망각한다는 데서 비롯됩니다. 나 혼자 인생을 살고 있다고 생각할 때가 있다는 것입니다. 그것은 사실상 무신론자와 다를 바가 없습니다.

무신론에도 여러 가지 종류가 있는데, 그 가운데 하나가 실천적 무신론이라는 것입니다. 실천적 무신론자는 교회는 열심히 나오고 교회에서 여러 가지 봉사를 하는 사람일 수도 있습니다. 그런데 중요한 시험을 치르면서도 전혀 기도하지 않습니다. 때로는 부정행위도 저지릅니다. 내 인생에 중요한 직업을 결정하면서 마치 하나님이 안 계시는 것처럼 한 번도 기도하지 않고 결정합니다. 마치 하나님이 안 계시는 것처럼 사는 것입니다. 그렇다면 하나님이 계시나 마나입니다. 정말로 살아 계신 하나님이 나와 함께 계신다는 사실을 늘 묵상할 수 있다면, 우리 인생은 변할 수 있다고 서는 생각합니다.

지금 하나님이 당신과 함께하십니까? 하나님의 임재를 경험할 수 있는 자리가 바로 예배입니다. 그러므로 예배를 소중히 여기십시오. 그것이 삶의 시작입니다. 당신의 인생에서 놀라운 승리가 시작될 것입니다.

둘째, 기도의 사람이 되어야 합니다

사도행전 13장 2절을 다시 읽어봅시다.

"주를 섬겨 금식할 때에 성령이 이르시되 내가 불러 시키는 일을 위하여 바나바와 사울을 따로 세우라 하시니."

예배하며 금식까지 하고 있었습니다. 금식은 기도의 간절함을 나타내는 것입니다. 얼마나 기도가 간절하면 금식까지 하면서 기도했겠습니까? 금식해보셨습니까? 저는 금식을 말할 때마다 열등감이 많습니다. 금식을 오래해본 적이 없기 때문입니다.

제가 금식을 해보겠다고 크게 결심을 한 적이 있었습니다. 40일을 하면 죽을 것 같고, 딱 반 잘라 20일만 해보자고 마음먹었습니다. 그래서 어느 해 가을, 경기도 화성에 있는 어느 기도원에 들어갔습니다. 방을 얻어서 방에서 기도하다가 조그만 굴에 들어가서 기도하다가, 그렇게 왔다 갔다 하면서 내 인생의 중요한 기도제목을 붙들고 금식기도를 했습니다. 안 하려던 금식을 하려니 참 힘들었습니다. 고비가 있었습니다. 이틀까지는 견디겠는데 사흘이 되니 죽을 것 같았습니다. 그래도 악착같이 견디니 5일을 넘길 수 있었습니다.

그런데 제가 기도하던 방에 누가 감을 갖다놓았습니다. 그러자 문제가 생겼습니다. 자꾸 그것만 보이는 거예요. 눈을 뜨나 감으나 계속해서 감만 보였습니다. 저걸 없애버릴까 하다가 놔두고, 승리해보자고 버텼습니다.

드디어 8일이 지나고 10일째가 되었습니다. 그런데 이상한 사실은 감이 계속 커진다는 사실이었습니다. 저는 11일이 지나서 감을 먹고 금식을 끝냈습니다. 금식이 참 어려웠습니다. 그래서 그 다음부터는 그렇게 길게 하지는 않고 하루나 사흘 정도는 자주 금식합니다.

저는 금식 자체가 중요한 건 아니라고 생각합니다. 다만 금식까지 하면서 예배 드리고 기도할 때는 어떤 특별한 이유가 있기 때문입니다. 안디옥교회의 성도들은 특별한 기도제목을 붙들고 하나님의 음성을 들으며, 하나님의 뜻을 분별하기 위해 금식했던 것으로 보입니다.

당신은 왜 기도하십니까? 기도는 독백이 아닙니다. 하나님의 음성을 듣고 싶어서 기도하는 것입니다. 당신은 하나님이 살아 계신 것을 믿습니까? 살아 계신 하나님이 지금도 말씀하시는 것을 믿습니까? 그렇습니다. 하나님은 지금도 말씀하시는 하나님이십니다. 침묵하지 않으십니다. 가만히 들으려고 하면 그분의 음성이 들려옵니다. 하나님의 음성을 듣게 되시기를 축원합니다.

주님은 금식하며 기도하는 안디옥교회를 향해 이렇게 말씀하셨습니다.

"…성령이 이르시되 내가 불러 시키는 일을 위하여 바나바와 사울을 따로 세우라 하시니"(행 13:2).

그들은 금식하고 기도하는 자리에서 소명을 발견했습니다. 그것은 바나바와 사울을 따로 세워 선교사로 파송하는 일이었습니다.

선교를 간단히 정의하면 하나님이 불러 시키는 일을 따르는 것입니다. 내가 평생 해야 할 하나님의 심부름입니다. 내가 붙들고 죽어야 할 무엇입니다. 그것이 우리의 미션이고 소명입니다. 그것이 우리의 직업일 수도 있습니다.

지금으로부터 약 130년 전에 미국 동부의 코네티컷이라는 도시에 코스타와 비슷한 미국의 기독청년들의 모임이 있었습니다. 그 모임의 성격이 코스타와 조금 다른 점은 신학생들이 많이 모였다는 것입니다. 한국에도 신학생들을 위한 모임인 '한미준'(한국교회 미래를 준비하는 모임)이라고 있습니다만, 신학생이 주로 모였던 그 자리에 특별한 두 명의 신학생이 참석하고 있었습니다. 한 신학생은 뉴저지의 감리교 신학교인 드류신학교를 다녔고 다른 한 학생은 역시 뉴저지에 있는 장로교 신학교인 뉴 브런스위크신학교를 다녔습니다.

집회 순서 가운데, 지금 우리식으로 말하면 미전도지역에 대한 선교보고가 있었습니다. 그 당시 아직도 복음이 전해지지 않았던 지역을 소개하는 가운데, 동쪽에 '아침의 고요한 나라'라고 불리는 조선이라고 하는 나라에 대한 보고가 있었습니다. 두 청년의 가슴이 뜨거워지며 불타기 시작했습니다. 그들은 이 불을 끌 수가 없어 씨름하다가, 그 모임에 참석한 지 2년이 지난 1885년에 배를 타고 인천 제물포 항구에 도착합니다. 한 사람은 26세, 한 사람은 27세의 청년이었습니다. 두 사람의 이름은 언더우드와 아펜젤러였습니다.

제물포의 항구가 눈에 들어오기 시작했을 때 이 두 사람은 갑판에 무릎을 꿇고 이런 기도를 했다고 알려집니다. 인천에 가면 한국기독교 100주년 기념탑이 있는데, 그 탑에는 이 두 사람이 1885년 4월 5일 부활절에 이 땅에 도착하면서 기도했다는 기도문이 적혀 있습니다.

"오늘 사방에 빗장을 푸시고 부활하신 주님께 간구하오니 어둠 속에 억압받고 있는 이 땅, 이 백성에게 밝은 빛과 자유를 주시옵소서."

이 두 사람이 하나님의 음성을 들은 것이 잘한 일이었다고 생각하십니까? 이 두 사람이 하나님의 음성을 듣지 않았더라면 어떻게 되었을까요? 그들이 기도하면서 하나님의 음성을 들었던 일이 오늘 우리를 만든 것입니다.

하나님 음성 듣고 시작한 코스타

돌이켜보면, 제가 목회하면서 가장 후회스러웠던 일은 기도하지 않고 충동적으로 벌였던 모든 일들입니다. 그것이 저의 부끄러운 일이고 참 후회가 됩니다. 그러나 목회하면서 가장 보람된 일들을 돌아보면 기도하면서 하나님의 인도를 받은 일들입니다. 하나님의 음성인 것을 확신했던 일에는 하나도 후회가 없습니다. 너무나도 기쁘고 감사한 일들이었습니다.

1983년 여름, 저는 이민목회를 위해 워싱턴에 도착했습니다. 2년 동안 열심히 이민목회에 적응했습니다. 제가 젊은이들을 좋아했기 때문에 유학생들이 사는 마을에 가서 이따금씩 집회를 했습니다. 1986년 봄에 펜실베니아 주립대학교 옆에 있는 조그만 한인교회에 가서 집회를 인도한 적이 있습니다. 몇 사람이 성경공부를 하며 시작된 작은 교회였습니다. 말씀에 대한 갈증 때문에 성경공부는 하지만, 그러나 목사님과 참석한 사람들의 마음이 서로 맞지 않고, 영적 체험이 없는 교인들이 깊은 갈등과 분열을 경험하고 있었습니다. 이 작은 교회에서 집회를 하고 워싱턴으로 돌아오면서 제 마음에 큰 무거움이 있었습니다. 그 교회가 머릿속에서 떠나지 않았고 그 교회를 위해 계속 기도하게 되었습니다. 그 교회를 하나님이 붙잡아주시고 그곳의 유학생들을 불쌍히 여겨주시고 하나님의 복으로 채워달라고 기도했습니다.

어느 날 새벽기도회를 다녀와서 큐티책을 펴고 묵상하는데 하나님이 제 마음속에 말씀하시는 것처럼 음성이 들렸습니다.

"유학생들을 위한 잔치를 한번 열어보아라."

너무 강렬한 음성이어서 제가 아내에게 말했습니다.

"여보, 하나님이 자꾸 유학생들을 모아놓고 잔치하래."

제가 섬기던 이민 교회 안에 '유성회'라는 유학생들의 성경공부 모임이 있었습니다. 금요일 저녁에 그 친구들을 만났을 때, 제가 큐티하면서 받은 강렬한 인상을 나누었습니다. 그 친구들이 제 말을 듣더니 박수를 치는 것이었습니다.

"목사님, 우리 한번 잔치를 열어봅시다!"

그래서 함께 코스타를 기획하고 꿈꾸기 시작했습니다.

'이 모임을 어떻게 시작하면 좋을까?' 하고 생각하다가 우선 미국에 있는 학생들을 모아보기로 하고 이름을 코스타(KOSTA : KOrean Students in America)라고 지었습니다. 코스타의 처음 로고는 제 아내가 직접 디자인한 것입니다.

집회를 계획하고 시작하려는데, 가만 보니 이 일은 일개 교회가 할 일이 아니라는 것을 알게 되었습니다. 함께하는 것이 좋겠고 모든 교회에게 축제의 장이 되도록 공개하는 것이 좋겠다고 생각했습니다. 그러기 위해서는 더 많은 사람들이 오는 게 좋겠고, 더 많은 유익을 주려면 한국교회의 많은 도움이 필요하다고 보았습니다. 그때 제 머릿속에 퍼뜩 떠오른 분이 홍정길 목사님이었습니다. 그 분의 도움이 꼭 필요하다는 생각을 했습니다. 마침 홍정길 목사님도 유학생들과 성경 공부를 하는 모임을 가지고 계셨습니다. 흔쾌히 동참해주셨습니다. 코스타는 그렇게 시작되었습니다.

제가 코스타를 시작한 일을 후회할까요? 홍정길 목사님도 후회하시는 것 같습니까? 우리는 전혀 후회하지 않습니다. 하나님의 부르심에는 결코 후회함이 없습니다. 믿으시기 바랍니다.

당신에게 미션이 필요하십니까? 소명이 필요하십니까? 엎드리세요. 기도하세요. 하나님의 음성을 들으세요. 하나님이 당신의 갈 길을 보여주실 것입니다. 미션이 보이고 소명이 보일 것입니다. 그러면 당신을 통한 하나님의 놀라운 일이 보일 것입니다.

셋째, 순종의 사람이 되어야 합니다

우리는 하나님을 예배하는 자리에서 하나님의 음성을 듣고서도 그 음성을 무시할 수 있습니다. 하나님의 음성을 무시하는 것을 성경은 성령의 감동을 소멸하는 것이라고 말합니다.

우리는 주님의 음성을 듣고도 여전히 불순종할 수 있습니다. 그러므로 음성을 듣는 것 이상으로 중요한 것은 순종입니다. 순종이 성령의 역사를 만드는 것입니다. 순종이 기적을 만든다는 사실을 믿으시기 바랍니다.

갈릴리 가나의 혼인잔치 이야기는 모두가 아실 것입니다. 갈릴리 가나에서 혼인잔치가 열렸을 때 포도주가 떨어졌습니다. 그러자 예수님의 어머니 마리아가 예수님에게 부탁하셨고, 예수님이 종들에게 명령하셨습니다.

"예수께서 그들에게 이르시되 항아리에 물을 채우라 하신즉 아귀까지 채우니"(요 2:7).

포도주가 떨어진 잔칫집에서 사람들은 포도주를 기다리고 있었습니다. 그런데 예수님은 항아리에 물을 채우라고 하십니다. 성경은 이렇게 말합니다.

"채우라 하신즉 아귀까지 채우니."

"우리에게 필요한 것은 포도주이지, 물이 아닙니다!"라고 항의할 수도 있습니다. 그런데 예수님이 계속해서 이렇게 말씀하십니다.

"이제는 떠서 연회장에게 갖다 주라"(요 2:8).

잔치를 주관하는 연회장은 포도주를 기다리고 있습니다. 그런데 물을 가져다 주라고 말씀합니다. 포도주를 기다리는 사람들이 물을 갖다 주면 어떻게 하냐고 항의하면 어떻게 하겠습니까? 그런데 성경은 이렇게 기록합니다.

"갖다 주라 하시매 갖다 주었더니."

이것이 순종입니다.

앤드류 머레이는 이렇게 말했습니다.

"우리는 그리스도인이 되자마자 학교에 입학한다. 그 학교의 이름은 순종이다."

그리스도인이 한 평생을 걸고 배워야 할 과목은 순종입니다.

히브리서 기자는 이렇게 말합니다.

"그가 아들이시면서도 받으신 고난으로 순종함을 배워서"(히 5:8).

예수님이 순종을 배우셨다고 말합니다. 하나님의 아들이신 예수님도 순종을 배우셨다면 우리는 얼마나 순종을 배워야 하겠습니까?

안디옥교회의 순종을 생각해보십시오. 사도행전 13장 3절을 보면 "이에 금식하며 기도하고 두 사람에게 안수하여 보내니라"라고 순종했음을 보여줍니다.

안디옥교회는 기도하고 끝나지 않았습니다. 기도하고 두 사람에게 안수하여 보냈습니다. 아직 복음을 듣지 못하고 복음을 기다리고 있는 세상을 향해, 안디옥교회는 그들이 가장 소중히 여기는 지도자들을 보냈습니다. 가장 원숙한 지도자인 바나바, 그리고 가장 젊고 가능성 있는 지도자인 바울을 한 팀으로 묶어 선교사로 파송한 것입니다. 순종한 것입니다. 안디옥교회의 순종이 1세기의 세상을 바꾸는 역사를 만든 것입니다. 하나님의 나라가 소아시아와 그 당시의 유럽으로 퍼져가는 위대한 드라마가 그때부터 시작되었습니다. 이것이 바로 순종의 결과였던 것입니다.

그 당시 교회를 향해서 명하시던 동일하신 주님이 지금도 우리를 향해서 이런 말씀을 하고 계시지 않습니까?

"그러므로 너희는 가서 모든 민족을 제자로 삼아 아버지와 아들과 성령의 이름으로 세례를 베풀고"(마 28:19).

"너희는 가서"는 지상명령입니다. 우리더러 가라는 것입니다. 이 복음을 기다리고, 그리스도를 기다리고, 하나님의 말씀을 기다리고 있는 세상 모든 민족 가운데로, 배고프고 목마른 영혼을 향해 가라는 것입니다.

우리 중에 어떤 사람은 이렇게 말할 수 있습니다.

"우리 땅에 이렇게 할 일이 많은데 세계 선교가 그렇게 급한가요?"

생각해보십시오. 만일 일 세기 전 영국의 그리스도인들이 "영국에도 할 일이 많은데 꼭 조선이라는 작은 땅에 가야 할 이유가 어디 있습니까?"라고 말했더라면, 미국과 캐나다와 호주와 오스트레일리아의 그리스도인들이 "우리나라에도 할 일이 산더미 같은데 저 작은 동방의 나라에 관심을 가져야 할 이유가 어디 있습니까?"라고 말했다면, 우리는 지금 어떻게 되었을까요?

그들의 순종이 오늘 우리에게 축복을 불러왔습니다. 그것이 오늘 우리가 가슴 벅찬 감동으로 하늘 보좌 앞에 우리의 찬양과 감사와 경배를 올려드릴 수 있게 한 것입니다. 한국 선교의 기적은 그들의 순종에서부터 비롯된 것입니다.

주님이 오늘 우리에게 이렇게 말씀하십니다.

"내가 한국교회에, 한국의 젊은이들에게 시킬 일이 있다. 130여 년 전, 아펜젤러와 언더우드를 조선이라는 나라에 보냈던 내가 오늘 이 세상의 변화와 변혁을 위해서 너희에게 시킬 일이 있다!"

다 이루었다는 고백

인생이 무엇일까요? 저는 인생을 이렇게 가장 단순하게 정의하고 싶습니다.

"인생이란, 하나님이 시키시는 일을 성취하도록 맡겨주신 삶과 시간의 길이다."

어떤 사람은 길게 살고 어떤 사람은 짧게 삽니다. 그러나 중요한 것은 얼마나 오래 사느냐가 아닙니다. 인생의 마지막 순간에 후회 없이 눈을 감을 수 있는가 하는 것이 중요합니다.

제가 제일 부러워하는 고백은 예수님의 마지막 고백입니다. 예수님은 결코 긴 인생을 사신 분은 아닙니다. 그는 30대 초반 나이에 지상의 생애를 마감하신 분이었습니다. 그럼에도 불구하고 주님은 십자가 위에서 이런 말씀을 남기셨습니다.

"다 이루었다"(요 19:30).

그는 소명을 다 이루고 가신 것입니다. 예수님이니까 가능하다고요? 아닙니다. 우리와 똑같은 인간이었던 바울도 다 이루었다고 고백했습니다.

"나는 선한 싸움을 싸우고 나의 달려갈 길을 마치고 믿음을 지켰으니 이제 후로는 나를 위하여 의의 면류관이 예비되었으므로 주 곧 의로우신 재판장이 그날에 내게 주실 것이며 내게만 아니라 주의 나타나심을 사모하는 모든 자에게도니라"(딤후 4:7).

바울은 자신의 사명이 성취되었다고 고백한 것입니다. 당신도 인생의 마지막에 그런 고백을 하기를 원하십니까?

제가 시간의 길이를 생각하다가 떠올랐던 인물이 인권운동을 했던 마틴 루터 킹 목사님입니다. 그 분은 인권운동을 하고 흑인들에게 복음을 전하다가 39세에 총탄에 맞아 아깝게 쓰러졌습니다. 마틴 루터 킹 목사님은 생전에 자주 이렇게 말했습니다.

"모든 비극 중에 최악의 비극은 젊어서 죽는 것이 아니다. 75살까지 살아도 한 번도 인생을 제대로 살지 못하고 죽는 것이다. 그것이 가장 커다란 비극이다."

그의 장례식에 모인 많은 사람들이 이런 조사를 했다고 합니다.

"하나님이 마틴 루터 킹에게 너무나 짧은 시간밖에 주시지 않았다. 그것이 안타깝다."

그런데 오직 한 사람, 윌리아 페리어라는 사람은 전혀 다른 조사를 했다고 합니다.

"1929년부터 1968까지 마틴 루터 킹이 살았던 단지 39년의 세월은 정말이지 짧은 시간이었다. 39년은 자신이 한 일의 결실을 거두기엔 너무 짧다. 39년은 자식들이 학교 공부를 마치는 것을 보기에도 너무나 짧다. 39년은 손자를 얻기에도 너무 짧은 시간이다.

그러나 마틴에게 39년은 너무나 긴 시간이었다. 39년은 그가 인종차별을 견디기에는 너무 긴 시간이었다. 39년은 그가 끊임없는 정치적, 사회적 압박에 시달리기에 너무 긴 시간이었다.

하지만 39년은 자신을 위협하고 폭탄을 던지는 이들을 위해 기도하기에 충분히 긴 시간이었다. 39년은 정의와 사랑을 알지 못하는 이웃들을 깨우치기에 충분히 긴 시간이었다. 39년은 마틴이 15세에 대학에 들어가 4개의 학위를 따기에 충분히 긴 시간이었다. 39년은 그가 결혼하여 네 아이의 행복한 아버지가 되기에 충분히 긴 시간이었다. 39년은 수많은 관중 앞에서 수백 번도 더 되는 감동적인 연설을 남기기에 충분히 긴 시간이었다. 39년은 자기를 따르는 20만 명을 이끌고 미국의 수도 워싱턴DC를 향해 자유와 평화의 행진을 이끌기에 충분히 긴 시간이었다. 39년은 그로 하여금, 인류가 사랑과 자유의 가치를 알도록 깨우치게 함으로써 노벨평화상을 받게 하기에 충분히 긴 시간이었다. 39년은 그가 꿈꾸던 비전의 정상에 올라 인류평화의 꿈을 꾸기에 충분히 긴 시간이었다. 왜냐하면 그는 마침내 그가 꿈꾸던 영광과 자유의 삶, 그 정상에 도달했기 때문이다."

부르심에 답하십시오

코스타 25년은 생각하기에 따라서는 짧은 시간일지도 모릅니다. 그러나 코스타에게 25년은 충분히 긴 시간이었습니다. 코스타 25주년은 사람이 태어나고 위대한 꿈을 꾸면서, 그 꿈을 성숙시키는 청년이 되기에 충분히 긴 시간입니다.

코스타 25년은 박사후 과정을 마치고 코스타 제1회 모임에 참여한 윤영관 교수로 하여금 대한민국의 외무부장관이 되게 하고, 장관 퇴임 후에도 한반도평화연구원을 이끌면서 민족평화의 내일을 모색하는 리더가 되게 하기에 충분히 긴 시간이었습니다.

코스타 25년은 제2회 코스타에 참여하여 MIT에서 유학을 마무리하던 장평훈 교수로 하여금 존경받는 카이스트의 교수가 되게 하고, 코스타에서 평신도 성경강해자가 되어 이 땅의 많은 젊은 영혼들을 일깨우는 리더가 되게 하기에 충분히 긴 시간이었습니다.

코스타 25년은 정진호 교수로 하여금 본인이 한 번도 꿈꾸지 않았고 생각하지도 못했던 중국의 한족과 북한의 청년들을 기도로 가슴에 품고, 마침내 '평양과기대 프로젝트'를 추진하는 리더가 되기에 충분히 긴 시간이었습니다.

코스타 25년은 하버드 학위과정을 마치고 미래를 모색하던 이용규 교수로 하여금 코스타에서 선교의 부르심에 응답하고 선교사로서 그 인생을 드리고, 《내려놓음》이라는 책을 써서 한국교회를 일깨우는 리더가 되게 하기에 충분히 긴 시간이었습니다.

저는 당신도 앞으로 25년 후의 자신의 모습을 그려보라고 도전하고 싶습니다. 지금으로부터 25년 후, 당신은 어디에 있을까요? 어디에서 무엇을 하고 있을까요?

25년 후 우리나라는 틀림없이 통일조국이 되어, 황폐해진 저 북한 땅을 다시 건설하기 위해 트럭과 레미콘과 망치의 소리들이 한반도 땅을 울리고 있을 것입니다. 그때 당신은 어디서 무엇을 하고 있겠습니까?

저 중국이 복음의 메시지 앞에 완전히 문을 열고 중국과 러시아를 이웃집 드나들듯 할 그때, 당신은 어디에서 무엇을 하고 계시겠습니까?

동경에서 출발한 자동차가 지하터널을 통해 서울로 오고, 평양과 북경과 모스크바 그리고 유럽으로 기차여행을 하게 될 때 당신은 어디서 무엇을 하고 있을까요? 서울을 떠나 평양을 거쳐 실크로드를 거쳐 터키 이스탄불까지 달려갈 그 시대에 당신은 어디에서 무엇을 하고 있을까요?

그때 당신은 자신의 생존에만 매달려 살아가는, 그저 그렇고 그런 안이한 인생을 살고 있을까요? 아니면 무대를 펼쳐주시는 하나님의 꿈을 가슴에 품고 이 동남아시아와 중국과 실크로드와 중동을 가슴에 품고 하나님이 인류 역사의 마지막 드라마를 펼쳐주시는 거룩한 비전을 이루기 위해 살고 있겠습니까?

희어져 추수하게 되었다고 지금도 말씀하시는 그분의 부르심 앞에서 우리가 해야 할 응답은 무엇이라고 생각하십니까?

할 일 많은 이 시대에, 할 일 많은 이 역사 앞에, 할 일 많은 마지막 선교의 드라마 앞에서 주님은 오늘도 청년 이사야에게 들려주셨던 동일한 음성을 우리에게도 들려주고 계십니다.

"누가 우리를 위하여 갈꼬?"(사 6:8).

이 부르심 앞에 당신은 어떻게 응답하겠습니까? 당신의 나머지 인생을 어떻게 살아갈 것입니까? 오늘의 결정이 25년 후의 당신의 모습을 결정하게 될 것입니다.

남을 위해 포도원 하는 사람

천국의 사고방식

CHAPTER 3
김동호

KOSTA 국제부이사장. 높은뜻연합선교회 대표. 사회복지법인 열매나눔재단 대표이사. 학원복음화협의회 공동대표. 장로회신학대학교 신학대학원을 졸업하고 동안교회와 높은뜻숭의교회의 담임목사를 역임했다.

마태복음 20장의 포도원 주인 비유는 예수님이 우리에게 하나님나라, 천국을 설명하시기 위한 말씀입니다. 이 말씀을 하신 목적이 분명합니다. 우리에게 하나님나라를 가르쳐주시기 위함이었습니다.

포도원 주인이 이른 새벽에 시장에 나가 일자리를 구하러 나온 사람들에게 말했습니다.

"우리 포도원에 들어가려느냐? 하루 품삯은 한 데나리온이다."

그들이 약속하고 들어갔습니다.

오전 9시, 주인이 다시 시장에 나가보니 사람들이 모여 있습니다. 그들에게도 같은 조건을 제시하고 포도원에 들여보냈습니다.

고용하고 싶어서 포도원 하는 사람

인력시장에서 오전 9시는 이른 시간입니까, 늦은 시간입니까? 늦은 시간입니다. 9시는 일자리를 구하기에는 이미 절망적인 시간입니다.

'오늘은 일자리를 못 얻었다. 오늘도 허탕인가 보다' 할 때 일자리를 얻은 것입니다. 그러니 9시에 일자리를 얻은 사람은 횡재한 기분으로 포도원에 들어갔을 것입니다.

그런데 포도원 주인은 12시에 또 시장에 나갑니다. 그 시간에도 사람이 보이니까 또 포도원에 들여보냅니다. 오후 3시에도 장터에 나가 봅니다. 또 들여보냅니다. 그리고 말도 안 되는 말씀이 한 번 더 기록되어 있습니다. 오후 5시에도 장터에 나가본 것입니다. 그 시간에도 사람들이 있는 것을 보고 묻습니다.

"너희는 왜 여기 서 있느냐?"
"오늘은 우리를 품꾼으로 쓰는 사람이 없습니다."
주인은 말합니다.
"너희도 포도원에 들어가라."

저는 이 말씀을 볼 때, 그 포도원에 일이 많은 줄 알았습니다. 포도를 딸 때가 되었든지, 아니면 봉투를 씌울 때가 되어 한 시간의 일손이라도 급해서 주인이 그렇게 들락거리며 사람을 구해 들여보낸 것이라고 생각했습니다.

그러나 그 주인이 한 시간밖에 일하지 않은 사람에게도 온전한 하루 품삯을 주는 것을 보고 '이분은 우리와 다른 사고방식을 가진 사람이구나' 하는 것을 깨달았습니다. 제가 그때 깨달았던 것을 여기에서 나누려고 합니다. 제가 깨달은 은혜를 당신도 동일하게 받을 수 있다면 참 좋겠습니다. 제 인생이 뒤바뀌는 은혜였고 감동이었습니다. 그때 깨달은 생각이 이것입니다.

'이분은 자기 포도원을 위하여 일꾼을 고용한 사람이 아니라, 일꾼을 고용하여 품삯 주고 싶어서 포도원을 경영하는 사람 같아 보인다.'

당신이 이 말을 듣고도 가만히 있다면 저는 정말로 견디기 힘들 겁니다. 이 깨달음은 제 인생을 바꾸어놓은 충격이었습니다. 제가 곧잘 쓰는 말이 '벼락 맞은 것처럼'인데, 정말 벼락 맞은 것 같은 감동이었습니다. 저도 모르게 무릎을 탁 쳤습니다.

'맞네! 그러면 천국이네!'

예수님이 천국을 단칼에 설명하셨습니다. 하나님은 제게 천국이 이렇고 저렇고 어떻고 하시며 복잡하게 말씀하시지 않았습니다.

"천국은 이와 같은 마음을 가지고 사는 사람들이 사는 나라야."

이것이 천국에 대한 예수님의 설명의 전부입니다. 예수님이 아니면 이런 말씀 못 하셨을 겁니다.

요즘 '사회적 책임, 사회적 기업'이라는 말이 유행합니다. 얼마나 감사한지 모릅니다. 사회적 기업과 일반 기업을 비교하여 쓴 책을 보았는데, 이에 대해 이렇게 한 줄로 정리하고 있습니다.

"일반 기업은 빵을 팔려고 (사람을) 고용하고 사회적 기업은 고용하려고 빵을 판다."

이 말씀 속의 포도원 주인은 성경에 나타난 최초의 사회적 기업가였다고 말할 수 있습니다.

퍼주다가 망하는 교회

2001년 10월 7일에 높은뜻숭의교회가 개척되었습니다. 정관을 만들었습니다. '담임목사가 은퇴해도 원로목사로 추대하지 말자, 목사의 정년은 몇 년으로 하자' 같은 것들을 그 정관에 포함시켰습니다. 그리고 또 추가한 것 중에 하나가 '예산의 최소한 30퍼센트는 교회 밖을 위해 쓰자'는 것이었습니다.

제가 미국 뉴저지의 어느 교회에서 집회를 하면서 이 이야기를 했더니 그 교회의 목사님과 교인들이 매우 기뻐하고 좋아했습니다. 나중에 들었더니 그 교회에도 그런 정관이 있다는 것이었습니다.

그 교회는 10퍼센트인가 15퍼센트에서 시작했는데 높은뜻숭의교회보다 더 나은 게 있다고 자랑했습니다. 그게 무엇인지 물었더니 거기에서 1년에 1퍼센트씩, 해마다 늘려나가기로 했다는 것이었습니다. 10년이면 20퍼센트가 되고 20년이면 30퍼센트가 될 것입니다. 그래서 제가 이런 농담을 했습니다.

"이 교회 100년이면 망하겠네요!"

계산해보면 100년도 아니고 90년이면 충분히 망하지 않겠습니까. 그러나 남 퍼주다가 망하는 교회가 하나둘쯤 있으면 어떨까요? 누가 제게 이런 말을 해주었습니다.

"높은뜻숭의교회, (그렇게 퍼주다 보면) 망할 것 같습니다."

그 말을 들을 때 저는 정신이 번쩍 들었습니다. 그리고 이런 생각이 들었습니다.

'망하지 뭐! 그런 일 때문에 망한다면 망하고 말지. 쎄고 쎈 게 교

회인데 높은뜻숭의교회 하나 없어진다고 하나님나라에 큰일 날 것 없다.'

사람들이 수군댈 것입니다.

"야, 높은뜻숭의교회 망했대."

"왜 망했대?"

"퍼주다가 망했대."

그런 말 듣는다면, 괜찮지 않을까요? 그게 혹 예수님이 말씀하신 한 알의 밀알 아닐까요? 그럼 이렇게 말하는 사람도 있지 않을까요?

"오, 교회들도 쓸 만하구먼."

그런 일에 쓰임 받는다면 높은뜻숭의교회 하나 없어진다고 큰 일 날 것 없다고 생각했습니다. 진심입니다.

그렇게 30퍼센트에서 시작했는데 하나님이 복을 주셨습니다.

우리가 모두 이걸 배우면 좋겠습니다. 나를 위해서 챙길 때 하나님의 복이 임하지 않고, 주를 위해 쓰려고 마음먹을 때 더 많이 더 잘 쓰라고 쏟아부어 주시는 복이 있다는 것을 말입니다.

주를 위해 쓰려고 마음먹을 때

교회를 개척했을 때 제가 나이도 조금 들었고 두려움을 상실해서도 그랬는지 첫해 예산을 10억 원으로 잡았습니다. 10억 원 예산을 잡고 시작하는 개척교회는 별로 없습니다. 그런데 그해에 하나님이 25억 원을 결산하게 해주셨습니다. 첫해부터 재정에 복 주신 것입니다. 25

억 원에서 30퍼센트의 약속을 지키려니까 7억 5천만 원을 써야 했습니다.

높은뜻숭의교회는 시작할 때부터 교인들이 집사, 장로, 권사, 회장 같은 자리에 관심을 두는 일을 배제해야 되겠다 싶어서 1,2년 동안 주일 낮 예배 외에는 아무것도 하지 않았습니다. 직분도 주지 않고 일도 하지 않았습니다. 그냥 "나가서 놀아라"는 소리만 열심히 했습니다. 하지만 돈 7억 5천만 원 때문에 할 수 없이 처음으로 조직이 생겼습니다. 이름도 촌스럽게 '이웃사랑회'라고 지었습니다.

이웃사랑회 팀들이 기도하면서 그 돈을 열심히 쓰기 시작했습니다. 기독교에 운명이라는 말은 없지만, 그 표현을 빌려 쓰자면 우리 교회와 운명적인 만남이 생겼습니다. 서울역 앞에 있는 남산 쪽방촌이었습니다. 하루 6천 원이나 7천 원을 내고 잠을 자는 쪽방에 사는 사람들이 무려 2천 명이 넘는다는 사실을 알았습니다. 일주일 동안 먹을 밑반찬을 도시락에 넣어 그들에게 배달하는 일을 하기 시작했습니다.

그러다가 정말 귀한 정보를 얻었습니다. 그들이 자기 이름으로 된 통장에 300만 원을 저축하면, 이분들이 비록 노숙자이지만 재활 의지가 있는 사람이라고 나라가 인정하고 연리 3퍼센트에 무담보로 700만 원을 대출해준다는 것입니다. 그러면 도합 1000만 원으로 전세를 얻어 아이를 기를 수 있는 방을 얻습니다. 그 돈을 빌리지 못하면 한 달에 20만 원의 방세를 내야 합니다. 그러나 돈을 빌리면 한 달에 고작 17,500원으로 더 큰 방을 얻어 쓰는 것입니다. 700만 원에 연리 3퍼센트면 매달 17,500원 정도면 되기 때문입니다. 문제는 그들이 300만 원을 저축하는 일이 거의 불가능하다는 사실입니다. 그래서 쪽방 사역을 하는 목사님에게 제가 이야기했습니다.

"목사님, 150만 원이라도 모은 사람이 있으면 알려주세요. 저희 교회가 150만 원 지원하겠습니다."

그리고 나서 헌금 하나를 개발했습니다. '쪽방탈출헌금.' 저는 헌금 개발에 은사가 있는 것 같습니다. 또 우리 교회 홍보부가 일을 무척 잘합니다. 쪽방에 가서 카메라로 찍고 3분 다큐를 만들어 광고시간에 보여주었습니다. 교인들이 보고 울었습니다. 다음 주일에 헌금들을 많이 냈습니다. 제가 비록 목회를 오래 한 사람은 아니지만, 그때 한꺼번에 가장 많은 헌금이 들어오는 것을 경험했습니다. 교인들이 기쁘고 즐겁게 많이 헌금했습니다. 그래서 실제로 쪽방을 탈출하는 일들이 일어났습니다. 쪽방탈출사역이 정말 재미있었습니다. 그게 되니까 그 다음 일이 보였습니다.

'방만 바꿔주면 뭐해? 먹고 살길이 없는데! 이왕 하는 김에 헌금 하나 더 개발해서 밥 먹게 해주자, 밑천 나눠주자. 하다못해 포장마차라도 하게 해주자!'

그래서 또 헌금을 개발했습니다. '밑천나눔헌금.' 이건 300만 원짜리였습니다. 이 일도 교인들이 기쁘게 동참해서 포장마차를 하도록 하고 구두닦이 박스도 차리게 하고 이런저런 일들에 투자했습니다. 깨끗이 망했습니다. 하나님의 일을 한다고 언제나 성공하는 것은 아닙니다. 만약 하나님의 일을 한다고 모든 일에 성공한다면 갈라디아서 6장의 말씀은 없을 것입니다.

"우리가 선을 행하되 낙심하지 말지니 포기하지 아니하면 때가 이르매 거두리라"(갈 6:9).

작전을 바꾸었습니다. 일인당 300만 원씩 대출해주는 방침을 바꿔서 12명씩 두 팀을 만들었습니다. 1인당 500만 원씩 팀마다 6,000만 원을 대출해주었습니다. 그 팀을 교육하고 훈련시키고 일을 맡겼습니다. 한 팀은 김밥천국 가게를 내고 한 팀은 이동세차기를 실은 6인승 마이크로 밴 두 대를 사서 이동세차업을 하기로 했습니다. 결론만 말하면 이동세차도 김밥천국도 정말 하나님의 은혜로 성공했습니다. 잘 믿어지지 않겠지만 김밥천국이 3년 동안 약 3억 원을 벌었습니다. 그분들은 머리털 나고 돈을 벌어본 일이 없는 사람들입니다. 교회 돈 6,000만 원을 자랑스럽게 갚았습니다.

절망한 사람들을 위한 희망의 능력

구제를 하다 보면 구제금만 타려고 할 뿐 실제로는 일을 하려 들지 않아서 어려워지는 경우가 있습니다. 그래서 구제를 하는 기관이나 교회들은 많으니까, 우리는 구제를 해도 이왕이면 일 잘하는 사람을 더 도와주자고 했습니다. 그래서 이동세차 일을 해온 12명 가운데 가장 열심히 일한 한 사람을 뽑아 자동차 외부 도색 전문 가게를 열어줬습니다. 물론 공짜로 사업 자금을 주는 것이 아닙니다. 벌어서 갚아야 합니다. 못 벌어서 못 갚으면 어쩔 수 없지만 하여간 벌어서 갚아야 하는데, 이 일도 성공했습니다.

그 가게의 개업식을 하던 날, 예배를 드릴 때 제가 충격적인 감동을 받았습니다. 그 분의 성이 최 씨였는데, 제가 그를 부를 일이 있어서 저도 모르게 '최 사장'이라고 불렀습니다. 그때도 정말 벼락 맞는 것 같은 감동을 받았습니다. 그가 노숙자 출신 아닙니까! 교회가 노숙자를 사장으로 만든 것입니다. 정말 기뻤습니다.

그해 12월 모 방송국에서 '노숙자, 사장 되다'라는 타이틀로 다큐멘터리가 방송되었습니다. 그때 방송국이 조금 얄밉다고 생각했는데, 교회 이름은 쏙 빼놓은 것입니다. 조금 섭섭했지만 상관은 없습니다. 노숙자 사장 만든 건 사실이었기 때문입니다.

그날 개업식을 마치고 사무실에 돌아오는 길에, 그 최 사장을 뺀 나머지 11명이 차를 닦던 모습을 잊을 수가 없습니다. 평소와 달리 너무 신이 나서 열심히 일하고 있었습니다. 왜요? 이제 희망이 보이기 때문입니다. 그 전에 그들이 차를 닦던 모습을 제가 압니다.

'아이고, 내 팔자야. 어느 놈은 팔자 좋아 자가용 타고 다니고, 어느 놈은 남의 차나 닦고.'

그런 부정적인 생각이 있는 한 그들은 절대 가난에서 벗어나지 못합니다. 그게 그들의 올무입니다. 그런데 그날 나머지 11명이 차를 닦는 모습이 달라진 것입니다. 똑같은 노숙자 출신이었는데, 최 씨는 2년 동안 1번밖에 결석 안 하고 열심히 일하더니 사장이 되는 것을 보았기 때문입니다. 절망하는 사람에게 희망이 얼마나 위대한 것인지를 눈으로 목도할 수 있었습니다. 기뻤습니다.

보이지 않는 성전건축

그러자 하나님이 또 다음 단계를 보여주셨습니다. 당시 7천 명에 달하던 북한 출신의 탈북자, 새터민들이었습니다. 자유를 찾아 말 그대로 생명을 걸고 남한에 내려왔는데, 그들에게 남한이 만만치 않습니다. 사회주의 국가에서 살다가 남한에 와서 살아갈 길이 없습니다. 어디 취직시키면 한두 달 만에 그만둡니다. 남한 사람들과 싸우고 갈등합니다. 제가 그런 모습을 보면서 생각했습니다.

'고작 7천 명도 감당 못하면, 통일 되면 이 나라 망하겠다.'

그때 하나님이 제 마음에 이런 생각을 주셨습니다.

'너희 교회는 노숙자를 사장으로 만들었잖아. 노숙자 사장 만들었으면 새터민도 사장 만들 수 있지 뭐.'

그래서 헌금을 또 하나 개발했습니다. 이건 좀 단위가 커야겠기에 헌금 이름을 무엇으로 할까, 한참 생각했습니다.

한국교회 교인들은 언제 헌금을 가장 많이 합니까? 예배당 건축할 때 제일 많이 하지 않습니까. 저희는 학교 강당을 빌려서 예배를 드리기 시작했고 사실은 예배당을 지을 계획이 없었습니다. 하지만 성전건축헌금을 작정하게 했습니다. 다만 성전건축헌금 이름이 조금 이상했습니다. '보이지 않는 성전건축헌금.'

"돈은 내십시오. 하지만 예배당은 안 짓습니다. 예배당 지을 돈으로 진짜 성전을 지어봅시다. 탈북자에게 살길을 열어준다면 하나님이 기뻐하시는 진짜 성전이 되지 않겠습니까?"

교인들이 제 말을 잘 이해하고 200억 원을 작정했습니다. 그 돈으로 탈북자들을 위해 재단을 세웠는데, 그것이 바로 '열매나눔재단'입니다. 그리고 그들을 실제로 만나기 시작했습니다. 1천 명을 만나 설문조사를 했습니다.

"취직하면 왜 일을 계속하지 못하고 그만 둡니까?"

대부분의 답이 이랬습니다.

"월급이 너무 적어요."

그때 조사한 바에 의하면 탈북자의 평균 월급이 65만 원 수준이었습니다. 그렇다면 언젠가 외국인 노동자 흉내를 내던 개그맨처럼 "한국 사장님 나빠요!"라고 말할 수 있을 것입니다. 하지만 사실은 그렇지 않습니다. 65만 원 주는 남한의 사장이 나쁜 게 아니라 그들이 65만 원어치 일도 할 줄 모르는 것입니다. 그들이 스스로 일을 해야 할 이유가 없는 나라에서 살다 왔기 때문입니다.

북한 노동자들을 남한의 공장에 취직시키면 처음에는 남한 노동자에 비해 몇 퍼센트의 생산성이 나오는지 아십니까? 어떤 힌트를 드려도 상상이 안 갈 것입니다. 15퍼센트에 불과합니다. 자기들이 일 못하는 생각은 안 하고 월급 적다는 생각만 합니다.

그래서 얼마를 받고 싶으냐고 물었습니다. 그때 나온 대답의 평균이 월 100만 원이었습니다. 하지만 아무리 생각해도 제 정신 가진 사람들이 탈북자들을 고용하고 100만 원 월급 주는 일이 그 당시로 불가능하다고 생각했습니다. 그래서 그냥 기도했습니다.

"하나님, 우리가 (월급 100만 원 주는) 그런 공장 세우게 해주세요."

해야 할 일인가, 아닌가?

2008년 5월, 기도하면서 열매나눔재단이 파주에 6억 5천만 원을 들여서 종이박스 만드는 공장을 세웠습니다. 사업에 '사' 자도 모르는 목사가, 남한 노동자도 아닌 박스에 '박' 자도 모르는 북한 노동자를 데리고 공장을 시작한 것입니다.

세금 같은 거 다 제하고 실수령액으로 최소 월급을 124만 원 주겠다고 약속했습니다. 남한 사람들은 감동을 안 할지 몰라도 탈북자들에게는 괜찮은 금액입니다. 게다가 주5일 근무를 하겠다고 했습니다. 대한민국 박스 공장 중에서 주5일 근무하는 공장은 아마 없지 싶습니다. 제가 봐도 망할 짓은 다 했습니다. 그걸 보고 사업을 하는 장로님들이나 교인들이 걱정이 많았습니다.

"우리 목사님은 뜻은 너무 좋고 착한데, 세상을 몰라도 너무 모르신다."

목사가 박스 한 번도 만들어 본 일이 없는 북한 출신 노동자들을 데리고 월급 124만 원 주고 주5일 근무하면 그 공장이 성공할 확률이 몇 퍼센트쯤 되어 보입니까? 0퍼센트입니다. "목사가 몰라서 저러는 걸 어떻게 하느냐? 이해해야지" 하는 말이 나오는 게 당연했습니다. 그런 소리를 듣다가 어느 날 제가 설교할 때 이렇게 말했습니다.

"저도 압니다. 세상에 그거 모를 사람이 어디 있습니까?"

교인들이 당황했습니다. 몰라서 그런다면 이해라도 하겠는데, 망할 줄을 알면서 하는 것은 이해가 되지 않습니다. 그때 제가 참 엉뚱한 소리를 해봤습니다.

"저는 할 수 있느냐 없느냐는 생각 안 합니다. 해야 할 일인가 아닌가만 생각합니다. 할 수 없어도 해야 할 일은 해야 합니다. 해야 할 일을 하다가 할 수 없어서 망하는 것은 망한 것이 아닙니다. 왜요? 해야 할 일을 한 것이니까요. 해야 할 일인데 안 해서 망하지 않았다면, 사실은 그게 망한 겁니다."

그리고 오해받을 수도 있겠지만, 하나님께 불경스러운 표현도 써보았습니다.

"하나님은 뒀다가 어디 쓸 겁니까?"

그때 하나님이 아주 시원해하신다는 느낌을 받았습니다. "내 말이 그 말이다!"라고 하시는 것 같았습니다.

"저 인간들 나 안 믿어! '믿씁니다' 하면서 발음은 강하게 하지만, 정말 중요한 일이 생길 때 자기가 할 수 있으면 하고 자기가 할 수 없으면 안 해! 그럼 나는 뭐냐?"

할 수 있느냐 없느냐는 제가 상관할 일이 아닙니다. 그건 하나님의 일입니다. 저는 해야 할 일인가 아닌가, 그것만 생각하면 됩니다. 해야 할 일이면 안 될 것 같아도 하고, 하지 말아야 할 일은 될 것 같아도 안 하는 것입니다. 될 일은 되게 하시고 안 될 일은 안 되게 하시는 게 하나님의 일인데, 제가 하나님 몫까지 생각할 필요는 없다고 생각했습니다. 그리고 그날 설교제목을 기가 막히게 뽑았습니다.

'미션 임파서블!'

그리고 공장을 가동했습니다. 흑자 났을까요, 적자 났을까요? 적자 났습니다. 조금 났을까요, 많이 났을까요? 많이 났습니다. 10개월 동안에 4억 원을 손해 보았습니다. 끝이 안 보였습니다. 그때 이 찬송을 은혜 받으면서 많이 불렀습니다.

"씨를 뿌릴 때에 나지 아니할까 염려하며 심히 애탈지라도"(새찬송가 496장).

처음 불러본 찬송은 아니지만 그 찬송 가사의 의미를 알고 부른 건 그때가 처음이었습니다. 정말 씨를 뿌릴 때 나지 아니할까 염려하며 심히 애가 탔습니다.

'교인들의 귀한 헌금인데, 큰소리는 뻥뻥 쳤는데, 이러다 진짜 망하면 어떻게 하나?'

그때 제가 저에게 이렇게 질문했습니다.

"넌 밤낮 왜 그러냐?"

제가 저에게 대답했습니다.

"그래도 재밌지 않냐?"

다섯 개로 늘어난 공장

하나님의 은혜로 이 공장이 10개월 만에 흑자를 냈습니다. 얼마를 냈느냐고 묻지는 마십시오. 무의미한 숫자이지만 흑자를 냈다는 건 대단한 일입니다. 이것이 굉장한 인식의 변화를 가져왔습니다. 우선 '탈북자는 안 돼. 저들은 골칫거리야'라고 생각하던 정부의 인식부터 바뀌었습니다.

'어? 조금만 울타리 쳐주고 보호해주고 밀어주면 되네!'

탈북자 스스로의 인식 변화는 더 중요했습니다. '우리는 남한에서 도저히 안 돼!' 하다가 '오, 이제 돼!' 하는 건 굉장한 일입니다.

정부와 기업체에서 자금 지원이 쇄도했습니다. 어느 정부 부처가 그런 공장 하나 더 하자고 했습니다. 그래서 정부에서 3억 5천만 원, 열매나눔재단에서 3억 5천만 원, 그리고 모 대기업에서 3억 원을 투자해서 그해 12월에 파주에 블라인드 커튼 공장을 세웠습니다.

그 다음 해인 2009년 7월에는 '고마운 손'이라는 가방 공장을 또 세웠습니다. 우리나라 토종 브랜드인 S사의 하청을 받았습니다. 그런 공장은 대개 처음에는 조그맣게 시작하는데 우리는 400평이나 되는 큰 공장을 지었습니다. 지어놓고 보니 남한에서 제일 큰 가죽 가방 공장이 되었습니다. 무식하면 용감합니다. 모든 공장이 동남아시아나 중국으로 넘어가서 한국에는 지금 그만큼 큰 공장이 없습니다. 급히 샘플을 만들어주기 위해 반지하 같은 곳에 남아 있는 작은 공장들뿐입니다.

그런데 2010년 4월에 그 S사가 부도났습니다. 날고 기는 사람도 그런 일 당하면 깨끗이 손 터는 겁니다. 그런데 그 공장이 제일 잘됩니다. 그 공장이 M사의 고급 브랜드 가방도 만들었습니다.

M사의 사장이 코스타 강사로도 섬기는 유명한 기독실업인입니다. 그래서 사람들은 '그 회사 사장도 코스타 강사로 오니까 김동호 목사가 뒷심을 쓴 모양이다' 하고 생각하는데, 아닙니다. 저는 일 그렇게 안 합니다. 박스든 블라인드 커튼이든 가방이든 제가 나서면 사실 지금 일하는 사장보다 더 많은 일감을 받아올 수도 있습니다. 그러나 그

렇게 되면 자생력이 없어지기 때문에 입도 뻥긋하지 않았습니다.

사장이 1,000개를 먼저 주문받아왔습니다. 그건 일반 공장이라면 테스트해보는 수준입니다. 그러나 생겨난 지 몇 달 되지도 않고 재봉질 연습하는 수준의 공장에게 1,000개를 맡긴 것도 대단합니다.

웬만한 일반 가방은 샘플검사를 합니다. 그러나 명품 브랜드 회사에서는 전수(全數)검사를 합니다. 말하자면 완성된 1,000개의 가방을 하나하나 다 보는 것입니다. 저는 그때 명품가방을 만드는 회사 사람들은 미친 사람 같다고 생각했습니다. 바느질 땀수까지 세는 것입니다. 심지어 각도기로 장식이 붙은 각도까지 잽니다. 제품마다 각도가 일정해야 한다는 겁니다. 그런데 놀랍게도, 그렇게 1,000개를 일일이 검사하는데 불량품이 하나도 안 나왔습니다. 저는 지금도 이해를 못합니다. 사장에게 어떻게 그럴 수 있었느냐고 물었습니다. 그랬더니 "실력이 없어서 불량품이 안 나왔습니다"라고 말했습니다. 무슨 소리인가 궁금해 되물었더니 답이 이랬습니다.

"실력 있는 사람들이나 자신 있답시고 만들다 불량품을 내지, 우리는 벌벌 떨고 하니까 불량품이 안 나옵니다."

이 공장이 잘되어서 '고마운 사람'이라는 가방 공장 하나를 더 세웠습니다. 그리고 어쨌든 하나님 믿고 하는 거니까, 부도났다는 S사를 그냥 사버렸습니다. 그래서 S사가 열매나눔재단 소유가 되었습니다. 그 회사를 살 때 컨설팅을 받았는데, 망한 회사를 사면 안 된다는 말을 들었습니다. 그러나 그건 컨설팅 전문가의 생각이고, 저는 할 수 있느냐 없느냐는 본래 생각하지 않는 사람이니까, "하여간 하나님이 먹여

주십시오" 기도하고 사들였습니다.

뿐만 아니라 '행복어패럴'이라는 이름으로 옷을 만드는 공장도 세웠습니다. 어쨌든 그렇게 해서 망한다던 공장은 안 망하고, 2년 반 사이에 이래저래 공장이 무려 다섯 개가 되었습니다.

하나님이 아니라면 설명할 수 없는 일

모든 북한 출신자들을 공장에만 가라는 게 조금 미안했습니다. 탈북한 젊은이들은 요즘 아이들 하는 말로 폼나는 일 좀 하게 해주자고 했습니다. 그래서 2010년 3월에 '블리스 앤 블레스'(Bliss & Bless)라는 이름의 커피전문점을 명동에 냈습니다.

탈북 청년들이 바리스타에 도전했습니다. 그런데 바리스타 교육을 부탁받은 전문가가 거절했습니다. 북한 출신은 서비스 개념이 없다는 것이 이유였습니다. 그래도 교육을 시키도록 부탁했고, 어쨌든 성공했습니다. 그 가게가 오픈한 지 몇 달 만에 월 2,200만 원의 매출을 냈습니다. 직원 6명 월급 주는 데 아무 지장이 없었고 200만 원이 남았습니다. 하나님이 아니라면 설명할 수 없는 일을 하고 있습니다. 얼마나 기쁜지 모릅니다.

하루는 우리 교회의 장로님 한 분이 회갑을 맞았습니다. 큰 병원의 원장님인데 이분이 회갑잔치에 공장 직원들을 다 초청해서 뷔페에서 저녁을 대접했습니다. 그날 단체로 휴가를 간 공장 하나만 빠지고 120명 정도의 직원들이 모였습니다. 저 많은 사람들이 우리 교회가 세운

재단의 공장에서 월급을 받는다는 게 너무 너무 기뻤습니다. 평균 150만 원 정도의 월급을 받습니다. 어떤 사람은 200만 원 가량을 받습니다.

어느 날 보니 자가용을 타고 다니는 직원이 보였습니다. 속으로 '자가용이라니! 제정신인가?'라는 생각이 들었습니다. 이제 겨우 200만 원 받으면서 자가용을 타면 어떻게 하려는가 염려한 것입니다. 그러나 가만히 보니 그건 내 생각에 불과했습니다. 그들은 밥 굶는 거 별로 겁내지 않습니다. 세 끼 안 먹고 두 끼만 먹어도 됩니다.

북한에서 옥수수도 못 먹고 소나 먹을 풀 뜯어먹고 살다가 남한에 와서 자가용 몰고 다닌다는 것은 우리가 느끼는 것과 전혀 다른 의미가 있는 것입니다. 알고 보니 사장이 돈을 빌려줘서 중고차를 산 것입니다. 한 달에 10만 원씩 갚기로 하고 기름 값도 회사에서 보조해주는 대신에 출근버스를 없앴습니다. 그리고 직원들끼리 카풀해서 다니는데, 그게 출근버스를 운영하는 것보다 더 이익이라고 합니다.

저는 우리 직원들이 아직 월급은 많지 않지만 그래도 자가용 끌고 다니는 것이 기쁩니다. 더 장사 잘해서 정말 좋은 자가용을 탈 수 있게 되면 좋겠습니다. 집도 사면 좋겠습니다.

믿어라, 소망을 품게 하라!

사업에 '사' 자도 모르는 사람이 사업을 시작할 때 하나님이 성경구절 하나를 마음에 주셨습니다. 고린도전서 13장 13절입니다.

"믿음, 소망, 사랑 이 세 가지는 항상 있을 것인데 그중의 제일은 사랑이라."

사업할 때 다른 건 몰라도 이 세 가지는 반드시 명심하라고 재단 직원들에게 당부했습니다.

"첫째, 탈북자를 믿어라! 발등 찍히는 한이 있어도 믿어라. 탈북자는 믿기 어려운 대상이고 일하다보면 많이 당할 것이다. 그러나 저들이 속일 것을 대비하면 밤낮 속는다. 끝까지 믿어라. 발등 찍혀서 아프겠지만 죽지는 않는다. 그게 무서우면 시작하지 말자. 탈북자를 믿어야 끝에 가서 승리할 수 있다."

탈북자가 저희 재단과 제 발 찍었을까요? 그러지 않았습니다. 열매나눔재단에는 마이크로 크레디트 사업이 있습니다. 미소금융 나오기 전에 시작한 무담보 대출입니다. 처음에는 300만 원에서 시작했지만 가난한 사람들을 선별해서 재단에서 약 2,000만 원씩 줍니다. 그런데 회수율이 90퍼센트가 넘습니다. 담보 잡고 대출해주는 기존 은행보다 회수율이 높습니다. 저는 그걸 돌려받으면서도 가난한 사람들이 왜 안 떼먹을까, 이해가 되지 않았습니다. 생각해보니 그들이 이런 생각을 하는 것 같았습니다.

'다른 사람 돈은 떼먹어도 저 교회 돈은 못 떼먹겠다. 아무도 우리를 믿어주지 않았는데 교회와 열매나눔재단이 우리를 믿어줬어. 그러니 저 돈 못 떼먹지.'

가난한 자의 의리가 있다는 것을 알았습니다. 탈북자들의 의리가 있다는 것을 알았습니다.

"둘째, 소망을 품게 하라!"

저는 밤낮으로 탈북자들에게 말해줍니다. "평생 직원 노릇만 하지 말고 반드시 사장 하라"고 말입니다.

"당신들이 2년만 열심히 일하면 남한 최고의 기술자가 될 거야. 남한에는 공장도 사라지고 기술자는 점점 찾아보기 힘들어지고 있어. 당신들이 이제는 최고야!"

그런데 공장들이 다시 한국으로 돌아올 때가 되었습니다. 중국은 임금이 올라가고 사회주의는 생산성이 없습니다. 기껏 만들어 봐야 '메이드 인 차이나'입니다. 그래서 공장이 다시 한국으로 돌아오는 때인데, 그 사이에 탈북자들이 기술을 익혀두면 한국 최고의 기술자가 될 것입니다. 기술 익히면 그들에게 대출해줘서 미싱 사고 가내수공업 하면 됩니다. 남한의 공장들이 다 처음부터 큰 돈 가지고 시작하지 않았습니다. 미싱 한두 대로 시작해서 큰 회사가 된 것입니다. 그러니 그들도 사장이 될 수 있습니다. 이렇게 말해준 것이 그들에게 소망이 되었습니다.

"셋째, 그들을 사랑하라! 그러면 그들도 우리를 사랑할 것이다."

어느 날은 박스공장에서 일하는 아주머니 한 분이 전날 야근을 하고 피곤해서 그랬는지 출근버스를 놓쳤습니다. 그들은 몸이 워낙 약해서 남한의 노동 강도를 견뎌내지 못합니다. 그런데 이 아주머니가 4만 원이나 들여 김포에서 파주까지 택시를 타고 출근을 했습니다. 그분이 저를 감동시켰습니다.

월급 120만 원 받는 사람에게 4만 원은 하루 일당입니다. 하루 종일 헛일 한 겁니다. 이북사람들이 똑똑합니다. 바보라서 그런 것이 아니었습니다. 그 아주머니가 이렇게 말했습니다.

"교회가 예배당 지을 돈으로 우리 공장 세워줬는데, 우리가 놀 수 없지요."

그 일이 있은 후에 그 공장에 흑자가 났습니다.

"교회가 우리를 살려주더라!"

이 조그만 공장들이 문을 열고 1년 사이에 통일부장관, 노동부장관, 복지부장관, 경기도지사, 노벨평화상 수상자까지 다녀갔습니다. 장관이 올 때는 직원들의 사기가 충천해집니다. 그런데 무하마드 유누스(Muhammad Yunus)라고 하는 방글라데시 사람이 왔을 때는 시큰둥했습니다. 그가 바로 그 유명한 마이크로 크레디트의 창시자로서 노벨평화상을 받은 사람인데, 북한 사람들은 노벨상을 잘 모르는 모양입니다. 유누스 씨가 제게 잊을 수 없는 이야기를 해주었습니다.

"남한에서 30명을 먹여 살리는 일에 성공했다면 북한의 3천 만 명도 먹여 살릴 수 있습니다."

제가 그 말을 듣고 정말 많이 울었습니다. 제가 바로 그런 일이 일어나기를 기도하고 이 일을 시작한 것인데, 유누스 씨가 와서 그 말로 확증해주었기 때문입니다.

이 일을 시작하며 교회가 모은 200억 원을 내놓을 때 하나님께 이렇게 고백했습니다.

"하나님, 우리가 예배당 지을 돈을 내놓습니다. 이 돈이 우리의 오병이어이고 우리가 가진 전부입니다."

도시락 하나 같은 오병이어를 내놓고 5천 명이 먹고도 12광주리가 남았다고 하지요? 그렇다면 200억 원의 5천 배는 얼마일까요? 저는 무식하게 계산했습니다. 하나님 앞에 200억 원의 5천 배를 달라고 떼씁니다. '성경에 있는 말이니까, 말씀하신 대로 내놓으시라'고 하는 겁니다. 저는 정말로 믿습니다. 그리고 떼씁니다. 저는 남한의 탈북자 몇 천 명은 어떻게든 애써볼 테니 통일된 후에 북한의 3천만 명을 먹여 살려달라는 겁니다. 내 동포가 먹고 살길을 열어주십사 하고 기도하는 것입니다. 그랬는데 무하마드 유누스가 와서 해준 말이, 저는 하나님의 응답이라고 생각했습니다.

저는 한국교회가 탈북자들을 먹여 살리는 일이 불가능하다고 하지 말고 하나님께 맡기고, 되든 안 되든 덤벼들어서 열심히 애써보면 좋겠습니다. 통일이 되어 탈북자들이 부모와 형제들을 다시 만났을 때 이렇게 간증하기를 기도합니다.

"사회주의 속에 살다가 남한에 내려왔더니 살길이 없더라. 그런데 교회가 우리를 살려주더라."

이 말만 나오면 그게 복음의 씨를 뿌리는 밭을 가는 일이 되지 않을까 싶습니다. 밭을 갈아야 씨를 뿌릴 수 있지 않겠습니까? 저는 씨 뿌리는 일은 안 합니다. 씨는 언제든 뿌리면 됩니다. 씨 뿌리기 전에 먼저 밭을 갈아야 한다고 생각합니다.

오후 5시, 장터에 나가는 사람

예수님이 말씀해주신 하나님나라의 사람들은 자기의 포도원을 생각하는 사람이 아닙니다. 포도원만을 열심히 경영하는 사람은 새벽에도 포도원에 나가고 9시에도 나가보고 12시에도 나가보고, 그리고 오후 3시에도 나가보고 5시에도 나갑니다. 그렇게 열심히 해야 됩니다. 그런데 성경에 나오는 이 사람은 포도원에 나간 게 아니고 장터에 나갔습니다. 일자리를 얻지 못한 사람에게 일을 줘서 먹고 살게 해주려고 나간 것입니다. 저는 그 마음이 감동이 됩니다.

"일자리를 얻지 못해 아무도 우리를 써주는 사람이 없습니다"라고 하면서 차마 장터를 떠나지 못하고 서성대는 사람들이 눈에 밟혀서 새벽에도 나가보고 9시에도 나가보고 12시에도 나가보고 오후 3시에도 나가보고 5시에도 나가보는 사람이 바로 하나님나라의 사람이라고 예수님이 말씀하고 계십니다.

세상 사람들은 자기의 포도원을 위하여 부지런하고 성실합니다. 최선을 다합니다. 그러나 우리의 마음은 나의 포도원에 있지 않고 민족에 있어야 합니다. 우리 민족이 누구입니까? 바로 오후 5시에 장터를 서성대는 사람들입니다. 오후 다섯 시의 장터가 바로 내 민족입니다. 이 시대, 그리스도인 청년들은 바로 그런 사람이 되어야 할 줄을 믿습니다.

하나님의 능력이 임하는 비밀

복음이 자랑스러운 사람

CHAPTER 4
오정현

KOSTA 국제부이사장. 사랑의교회 담임목사. 국제제자훈련원 원장. 연변대학 과학기술학원 이사장. 한국교회봉사단 단장. 한국신학정보연구원 이사장. 크리스채너티투데이 코리아 발행인. 청목연 이사장.

요즘은 정보가 너무나 많아 넘쳐날 정도입니다. 인터넷 때문이기도 하지만, 기존에 발행되는 신문만 보아도 정보량이 상당히 많습니다. 미국의 일간신문은 오래 전부터 아주 두꺼운 주말 판을 내왔는데, 뉴욕타임스 주말 판의 정보량은 중세시대 100년의 정보량과 맞먹을 것이라고 합니다. 요즘 우리나라의 신문들도 주말 판이 두꺼워지고 있는데, 적게 잡아도 조선시대의 10년 내지 20년의 정보량과 맞먹을 것 같습니다. 이 시대에 정보는 충분하고도 남도록 넘치고 있습니다.

제가 말하려는 요지는 이것입니다. 이제는 정보를 몰라서 일을 못하는 사람은 없습니다. 정보는 알지만, 어떤 일을 이루거나 영향을 끼칠 능력, 다시 말해 영향력이 없을 뿐입니다.

오늘날의 그리스도인들도 마찬가지입니다. 복음이 무엇인지를 말하는 일, 즉 복음에 대한 정보를 전달하는 일에는 큰 문제가 없습니다. 그러나 복음에 대한 정보를 아는 것과 복음 그 자체로 인한 능력을 소유하고 있는 것은 다릅니다.

복음을 아는 이들에게 복음 전하기

사도 바울은 로마서 1장 15절에서 복음을 전하고 싶다고 말합니다.

"그러므로 나는 할 수 있는 대로 로마에 있는 너희에게도 복음 전하기를 원하노라."

바울의 이 편지를 로마의 성도들이 받았을 때, 그들이 이미 복음을 알고 있었을까요, 아니면 몰랐을까요? 로마의 성도들은 복음을 모르는 사람들이 아니었습니다. 로마서 1장 6절에 의하면 이미 알고 있었다고 보아야 합니다.

"너희도 그들 중에서 예수 그리스도의 것으로 부르심을 받은 자니라."

그럼에도 불구하고 바울은 왜 로마에 있는 성도들에게 다시 한번 복음을 전하려고 했을까요?

성경학자들은 바울이 로마서를 쓴 시기는 로마교회가 세워지고 20년쯤 지났을 때였으리라고 추정합니다. 그 20년 동안 아마도 로마교회에서는 많은 일들이 일어났을 겁니다. 로마서 13장 13,14절을 보면 어떤 일이 일어났을지 쉽게 짐작할 수 있습니다.

"낮에와 같이 단정히 행하고 방탕하거나 술 취하지 말며 음란하거나 호색하지 말며 다투거나 시기하지 말고 오직 주 예수 그리스도로 옷 입고 정욕을 위하여 육신의 일을 도모하지 말라."

20년 동안 로마교회 성도들에게 뭔가 문제가 생긴 것입니다. 단정히 행하지 않고, 방탕하고 술 취하고 음란하고, 서로 다투고 시기하는 사람들까지 있었던 것 같습니다. 복음의 핵심이 희석되었습니다. 복음적이어야 할 그들의 삶 가운데 많은 부분이 변질된 것입니다. 그래서 바울은 그들을 다시 찾아가서라도 복음을 새롭게 전하고 싶었던 겁니다.

복음의 능력이 사라진 이유

부족한 점이 많은 사람이지만, 저도 한국교회를 섬기면서 한국교회에 대해 애통하며 기도하는 사람 가운데 하나입니다. 제가 오늘날 한국교회를 보면서, 이 복음의 능력이 제대로 확증되지 않고 나타나지 않는 이유가 무엇인지 고민하게 됩니다. 고민한 결과, 그 이유로 두 가지 현상이 있음을 보게 되었습니다.

첫째 현상은 경직된 형식주의입니다. 신앙이 화석화되고 율법화되어 그리스도인이 아닌 종교인의 삶을 살아가는 모습을 많이 보게 됩니다. 이런 현상은 주로 신앙생활을 오래 해온 분들에게 많이 나타나는 것 같습니다. 처음 예수 믿을 때나 교회 다닌 지 3,4년쯤 될 때까지는 눈물 콧물 흘리며 기도하기도 하고 주님을 잘 섬기지만, 10년만 지나도 신앙이 화석화되는 경우가 있습니다. 이런 분들의 특징은 복음에 의한 생명의 역사가 사라진 것입니다. 그래서 누가 툭 건드리기만 해도 상처받았다고 말합니다.

둘째 현상은 냉소적인 비판주의입니다. 어떤 잘못이나 문제를 발견하면 칼날처럼 날카롭게 지적하고 비판하기는 잘합니다. 하지만 정작 비판하는 문제를 해결하거나 일을 이루어낼 능력은 별로 없는 것 같습니다. 비판은 잘하지만 건강하게 세우지는 못하는 것입니다.

저는 해외에서 21년간 살았습니다. 그리고 한국에 돌아와서 제가 느낀 것은, 한국 사람들의 생각이 지나치게 편중되었다는 사실입니다. 예를 들어, 어떤 지역에서 주로 보는 신문을 다른 지역에 갔을 때는 찾아보기 어렵습니다. 자기가 보고 싶은 신문만 보려는 것은 먹고 싶은 것만 먹겠다는 편식과 다를 바 없습니다. 사람들의 생각이 편식처럼 편중되면 나라도 약해지고 어려워질 수 있습니다.

교회도 마찬가지인 것을 봅니다. 교회 내에 경직된 형식주의나 냉소적인 비판주의가 만연하면 복음의 능력이 사라지게 됩니다. 참으로 안타깝습니다.

복음의 능력이 참으로 임한다면

그렇다면 무엇이 복음이고 구원의 능력일까요?

저는 청년 시절에 '예수 그리스도의 죽음과 부활로 말미암은 구원의 소식이 곧 복음'이라고 증거했고, 〈사영리〉(CCC의 전도소책자)나 〈브리지〉(다리 예화) 등을 이용해 많은 분들에게 복음을 나누었습니다. 비교적 단순하게 복음의 내용만 나누어도, 캠퍼스의 수많은 젊은이들이 주님 앞으로 돌아오곤 했습니다.

지금도 기억나는 일은, 제가 내수동교회에서 대학부를 섬길 때 500명의 믿지 않는 청년들을 초청해 전도집회를 열었던 일입니다. 하루 저녁의 집회였는데, 모인 500명 가운데 무려 180명이 예수님을 영접하겠다고 자리에서 일어났습니다.

그런데 제가 나이 들면서 가만히 생각해보니, 그때는 그저 복음의 내용에 관해 말한 것뿐이었습니다. 복음의 능력이 무엇인지를 확증한 것도 아니었습니다. 그때만 하더라도 요즘보다 정보의 양이 적어서 그랬는지, 아니면 사람들이 지금보다 순수해서 그랬는지 몰라도, 하여튼 복음의 내용이 선포될 때마다 잘 받아들이곤 했습니다.

하지만 요즘에는 예전에 비해 전통적인 전도방법이 잘 통하지 않는 것 같습니다. 안타깝게도 많은 캠퍼스에서 복음전도사역이 침체된 모습을 많이 봅니다.

이 시점에서 제가 묻고 확인하고 싶은 것이 있습니다. 바로 복음이 무엇인가 하는, '복음의 정의'에 대한 질문입니다. "예수 그리스도의 죽음과 부활로 말미암은 구원"이라는 말이 복음의 내용이라면, 복음은 무엇이라고 정의할 수 있습니까?

사도 바울은 로마서 1장 16절에서 복음을 이렇게 정의합니다.

"내가 복음을 부끄러워하지 아니하노니 이 복음은 모든 믿는 자에게 구원을 주시는 하나님의 능력이 됨이라 먼저는 유대인에게요 그리고 헬라인에게로다."

바울은 복음이 '하나님의 능력'이라고 정의하고 있습니다. 다시 말해, 하나님의 능력인 복음에는 모든 믿는 자에게 구원을 주시는 특성이 있다는 것입니다. 이를 통해 복음은 통전(統全)적이고 총체(總體)적임을 알 수 있습니다. 분리되거나 파편적인 것이 아닙니다.

복음서 가운데 요한복음만 보더라도 예수님께 나아오는 사람들의 출신 지역이 다양하고 여러 계층인 것을 알 수 있습니다. 남녀노소, 빈부귀천을 가리지 않았습니다. 인종 차별도 없었습니다. 유대인과 헬라인은 물론이요 모든 사람이 포함되었습니다. 그래서 바울도 1장 16절에서 '모든 믿는 자에게'라고 한 것입니다. 어떤 특정한 부류를 한정지은 것이 아니었습니다. 복음이란 분리되는 것이 아니요, 모든 것들을 통전적으로 아우르는 하나님의 능력이라고 저는 확신합니다.

개인에게 나타나는 복음의 능력

역사적으로 복음이 새롭게 들어가는 지역마다 이른바 '개인 구원'과 '사회 구원'이라는 문제가 서로 부딪히는 경우가 생겼습니다. 그럴 때마다 "개인 구원이 먼저냐, 사회 구원이 먼저냐?" 하는 식으로, 입장에 따라 매우 첨예하게 대립하곤 했습니다.

19세기와 20세기 초반만 하더라도 서구의 사고체계는 계몽주의나 이성주의와 분석철학 등의 영향으로 무엇이든지 나누고 구분하려고 했습니다. 복음을 말할 때도 마찬가지였습니다.

하지만 복음의 능력이 진정으로 임한 곳에서는 그렇게 부분적이고 파편적인 생각에 묶이지 않았습니다. 개인을 구원하는 일과 사회가 변화하는 일이 별개가 아니었습니다. 복음의 능력이 많은 현장에는 통전성이 있기 때문입니다.

강남에서 사랑의교회를 담임하는 제게는 큰 숙제가 있었습니다. 사랑의교회가 사회적 책임의 문제를 어떤 식으로 감당해야 하는가 하는 것입니다. 이 숙제에 대해 오래 고민해왔는데, 하나님의 은혜로 제 마음에 깨닫게 된 것이 다음과 같습니다.

교회가 약하고 어렵고 문제가 있는 사람들을 돕는 구제와 같은 일을 사회적 책임이라고 말합니다. 그런데 그런 일은 그저 시혜 차원에 불과하다는 생각이 사람들에게 있습니다. 그러나 이제 저는 더 이상 그런 차원에서 고민하지 않습니다. 하나님의 능력인 복음이 들어가는 현장이라면, 모든 믿는 자에게 구원을 주시는 하나님의 능력이 나타나는 통전적이고도 총체적인 변화가 일어나기 때문입니다.

교회가 구제하는 일은 결코 행위로만 끝나지 않습니다. 구제하는 시간과 장소가 바로 복음의 능력이 나타나는 현장이 되는 까닭입니다. 교회의 도움으로 말미암아 어려운 사람들이 회복될 때, 오히려 교회가 영적으로 정화되는 은혜를 받기도 합니다. 구제하는 사회적 사역과 개인전도 사역을 분리해서 생각할 필요가 없다는 것을 알 수 있습니다.

복음의 능력이 그처럼 통전적이라면, 개인에게는 복음의 능력이 어떤 현상으로 나타날까요? 개인에게 복음의 능력이 나타날 때, 어떤 이들에게는 치유가 일어나기도 하고 은사가 나타나기도 합니다. 하나님께서 교회에 덕을 세우기 위해 주시는 특별한 증거가 은사라면, 복음의 능력을 경험한 그리스도인의 삶 가운데 나타나는 일반적인 증거는 무엇일까요? 다시 말해, 복음의 능력을 체험한 개인의 삶에는 구체적으로 어떤 현상이 나타나게 될까요?

첫째, 기뻐하게 됩니다

개인이 복음의 능력을 알게 되면 기뻐하게 됩니다. 복음의 능력으로 말미암아 예수 그리스도의 보혈로 구원을 얻기 때문입니다.

"우리 주 예수 그리스도로 말미암아 하나님 안에서 또한 즐거워하느니라"(롬 5:11).

우리가 예배 때 찬양하고 춤까지 추는 이유가 무엇입니까? 내 심령, 내 마음 깊숙한 곳에서부터 세상 사람들이 알지 못하는 어떤 기쁨이 솟아나기 때문입니다. 그러므로 만약 예수를 믿고 구원받아 하나님의 자녀가 된 사람에게 기쁨이 사라졌다면, 그것은 이유를 막론하고 문제입니다. 동의하십니까?

저는 청년 시절에 복음에 대해 개인적으로 눈을 뜨고 나서, 친구들과 함께 밤에 삼각산 꼭대기에 올라가 뜨겁게 기도한 적이 있습니다. 밤 11시가 넘어 12시가 다 되어갔지만, 구원받은 사실이 너무 너무 좋아 덩실덩실 춤을 추면서 이런 찬송을 불렀습니다.

"우리 서로 받은 그 기쁨을 알 사람이 없도다."

"찬송하세 찬송하세 주님 나를 구하셨네."

그 시절에 제가 받았던 개인적인 은혜를 요즘의 젊은 세대들도 동일하게 받고 이해할 수 있기를 바랍니다.

바울은 예수 그리스도로 말미암아 즐거워하게 된 이유를 우리가 의롭게 되었기 때문이라고 말합니다.

"그러므로 우리가 믿음으로 의롭다 하심을 받았으니 우리 주 예수 그리스도로 말미암아 하나님과 화평을 누리자"(롬 5:1).

우리가 의롭게 되는 근거는 믿음이라고 합니다. 그런데 믿음으로 의롭다 함을 받는다는 말은 조금 추상적입니다. 이것을 조금 더 구체적으로 이해하려면 그 뒤의 말씀도 보아야 합니다.

"그러면 이제 우리가 그의 피로 말미암아 의롭다 하심을 받았으니 더욱 그로 말미암아 진노하심에서 구원을 받을 것이니"(롬 5:9).

의롭게 되는 것, 즉 구원을 받는 것은 예수 그리스도의 피로 말미암는다는 것입니다. 구원의 근거는 우리의 영적 실력이나 재능 때문이 아닙니다. 복음의 능력, 곧 예수 그리스도의 피의 효력 때문입니다. 하나님께서 나를 보실 때, 그냥 보시는 것이 아닙니다. 내 머리 위에 예수 그리스도의 피를 덮으시고 그 피를 통해 나를 보시는 것입니다. 이것이 너무나 감사하지 않습니까. 그래서 기뻐하는 것입니다. 할렐루야!

우리 모두는 예수 그리스도의 피 값만큼 귀한 존재입니다. 세상도 바뀌고 문화도 바뀌지만, 우리가 보혈의 능력 때문에 예수의 피 값만큼 귀한 존재라는 사실에는 조금도 변함이 없습니다. 그러므로 보혈의 능력에 의존하고 그 효력을 주장하면, 하나님이 주시는 기쁨이 우리에게 허락되는 것입니다. 이 사실 때문에 우리는 기뻐합니다.

구약성경 출애굽기에서는 출애굽사건을 통해 피의 대속의 의미를 밝혀주고 있습니다. 애굽에 내려진 열 가지 재앙 가운데 열 번째 재앙으로 첫 태생(장자)이 다 죽게 되는 날, 어린양의 피가 효과를 본 일입니다. 문설주에 양의 피를 바르지 않은 애굽의 첫 태생은 모두 다 죽은 것입니다. 그러나 양의 피를 바른 이스라엘 백성들의 집은 그 죽음의 재앙이 지나갔습니다.

어쩌면 애굽 사람들 가운데에는 도덕적으로나 인간적인 면에서 이스라엘 사람들 이상으로 훌륭한 사람들이 많았을지도 모릅니다. 하지만 애굽 사람들의 첫 태생은 다 죽었고 이스라엘 백성들은 모두 살았습니다. 그것은 오직 피 때문입니다. 이스라엘 백성의 부정함에도 불구하고 죽음의 칼날이 비껴간 이유는 문설주에 바른 양의 피 때문인 것입니다. 그래서 그날을 유월절이라 부르며 기념했고, 영어로는 지나갔다는 의미로 'Pass over'라고 하는 것입니다.

그 피는 또한 새로운 광야생활을 시작하는 문(門)이 되기도 했습니다. 우리는 어린 양 되신 그리스도의 피를 통하여 믿음으로 의롭게 되어 광야생활이라는 새로운 인생을 살게 됩니다. 하나님의 통치 아래 새로운 삶이 시작됩니다. 우리는 비록 부족하여도, 예수님의 피 때문에 새로운 차원의 수준에서 새롭게 인생을 시작하는 능력을 받는 것입니다.

둘째, 미래가 보장됩니다

복음의 능력 때문에 우리의 죽음 이후까지 미래가 보장되었습니다.

"또한 그로 말미암아 우리가 믿음으로 서 있는 이 은혜에 들어감을 얻었으며 하나님의 영광을 바라고 즐거워하느니라"(롬 5:2).

이 말씀에서 '하나님의 영광을 바라고 즐거워한다'는 말은 보장된 미래의 일을 미리 바라보고 기뻐한다는 뜻입니다. 복음의 능력 때문에 내세에 대한 소망이 너무나도 확고하면, 이런 말을 할 수 있습니다.

피터 드러커(Peter Drucker)라는 사람은 미래에 일어날 일이 너무나 확실한 경우 '발생한 미래'라고 말했습니다. 아직 일어나지 않은 미래의 일이지만 그 일이 일어날 것이라는 믿음이 너무나도 확고하기 때문입니다. 마찬가지로 내가 천국에 들어갈 것이냐, 가지 못할 것이냐 하는 문제는 아직 경험한 일은 아닙니다. 하지만 어떤 사실이 너무나도 확고하면, 아직 일어나지 않고 경험하지 않았다 하더라도 기정사실화할 수 있습니다.

그러므로 누가 어떤 말을 한다 할지라도, 우리는 하나님의 백성답게 천국에 대한 소망이 확고해야 합니다. 하나님의 영광을 미리 바라보고 즐거워하는 은혜를 우리에게 허락하셨기 때문입니다. 특별히 젊은 시절부터 이러한 내세관이 분명하면 이 땅을 책임감 있게 살아가게 됩니다. 삶의 현장에서도 복음의 능력을 증거하며 살아가게 됩니다. 우리의 밑천은 죽어도 천국이기 때문입니다.

또한 내세에 대해 확고하면 죽음도 초월할 수 있습니다. 이 땅에서 가장 큰 원수는 죽음입니다. 죽음 앞에서 두려움이 없는 사람은 없습니다. 그러나 하나님의 영광을 바라보고 즐거워하는 사람은 죽음의 문제 앞에서도 한 단계 더 뛰어 오를 수 있습니다.

사랑의교회는 20년 전부터 호스피스 사역을 해왔습니다. 사랑의교회에서 오랫동안 이 사역을 해온 목사님은 저보다 나이가 많으십니다. 하루는 제가 그 목사님과 이런 대화를 나누었습니다.

"목사님은 도대체 임종을 몇 번이나 보셨습니까?"

"한 3천 명은 본 것 같습니다."

"그러면 목사님은 예수 믿는 사람의 죽음이란 무엇이라고 생각하십니까?"

"예수 믿는 사람에게 죽음이란 영원한 치유(eternal healing)이지요."

그리스도인들에게 죽음은 더 이상 두려움이 아닙니다. 예수 믿지 않는 사람에게 죽음은 죄에 따른 형벌이 되지만, 예수 믿는 하나님의 백성들은 하나님의 영광을 바라보고 즐거워해야 할 최고의 순간입니다. 육신의 장막을 벗어나서 하나님의 영광의 궁전에 입성하는 순간입니다. 영원한 치유가 시작되는 것입니다. 이것이 그리스도인들의 죽음입니다. 할렐루야! 당신이 하나님의 영광의 궁전에 입성할 수 있기를 바랍니다. 다만 그렇게 되기 위한 조건이 있습니다. 먼저 그리스도와 함께 죽어야 합니다.

"내가 그리스도와 함께 십자가에 못 박혔나니 그런즉 이제는 내가 사는 것이 아니요 오직 내 안에 그리스도께서 사시는 것이라"(갈 2:20上).

이제 우리는 죽음조차 두렵지 않습니다. 옛날 우리 신앙의 선배들은 초근목피로 연명하고 전쟁으로 고통당하는 삶 가운데서도 하나님의 영광을 바라고 즐거워하는 신앙생활을 했습니다. 제 할아버지도 몹시 어려운 삶을 사셨지만 신실한 그리스도인이셨습니다. 그 어렵던 시절에 할아버지께서 부르시던 찬송이 지금도 귀에 쟁쟁합니다.

저 초원 낙원이려니 그 희락 내 희락일세.
저 기화요초(琪花瑤草) 향기는 풍편(風便)에 날아오는데 흰 옷을 입은 무리들 천사와 노래하도다.

오늘날 우리 삶 가운데 고통이 끊이지 않고 경제적으로도 별 수 없고 여러 가지 악재가 참으로 많지만, 우리는 하나님의 영광을 바라보고 즐거워합니다. 다시 오실 주님을 생각하기 때문입니다. 이 믿음이 우리들에게 흔들림 없이 확고하게 자리를 잡을 때 복음의 능력과 연결될 것입니다.

셋째, 환난 중에도 즐거워합니다

우리는 복음의 능력 때문에 환난이 다가오더라도 즐거워할 수 있습니다. 그리스도의 피의 값, 즉 보혈의 능력 때문에 즐거워하는 것은 복음의 능력에 따른 과거시제의 현상이라고 할 수 있습니다. 그리고 아직 일어나지 않은 일이지만, 하나님의 영광을 바라보고 죽음에 대해 두려워하지 아니하며 천국의 소망을 가지는 것은 미래시제의 현상이라고 할 수 있습니다. 그렇다면 문제는 현재인데, 현재의 문제를 극복하는 복음의 능력이 나타나는 현상은 환난 중에도 즐거워하는 것입니다. 오정현 목사가 현재 복음의 능력이 있는 사람이라는 사실을 무엇으로 확증할 수 있겠습니까? 바로 환난 중에서도 기뻐할 수 있느냐 하는 것입니다.

내가 환난 중에 있을 때, 하나님은 내게 쉬운 길(easy way)은 주지 않으실지 모릅니다. 하지만 최선의 길(best way)은 주실 것입니다. 이 사실을 믿고 환난 중에서도 즐거워할 수 있는 것입니다. 그렇다면 당신은 이제, 어려운 일이 있어도 기뻐할 수 있겠습니까?

"다만 이뿐 아니라 우리가 환난 중에도 즐거워하나니 이는 환난은 인내를, 인내는 연단을, 연단은 소망을 이루는 줄 앎이로다"(롬 5:3,4).

환난은 인내와 연단을 이룬다고 합니다. 그렇다면 인내와 연단을 가장 대표하는 집합체적인 이미지가 무엇일까요? 십자가입니다. 우리가 현재의 환난 가운데서도 기뻐할 수 있는 이유는 다름아닌 십자가의 비의(秘意)를 깨달았기 때문입니다. 십자가의 능력이 우리의 삶 가운데 확증되기 때문입니다. 그러므로 우리가 십자가를 깊이 묵상하게 될 때, 환난 중에서도 주님의 형상을 본받는 사람이 될 수 있습니다.

로마서 8장 29절을 보면 하나님께서 우리를 부르신 이유가 우리로 하여금 그리스도의 형상을 본받게 하기 위해서라고 말합니다.

"하나님이 미리 아신 자들을 또한 그 아들의 형상을 본받게 하기 위하여 미리 정하셨으니 이는 그로 많은 형제 중에서 맏아들이 되게 하려 하심이니라."

그리고 바로 앞 절인 28절에서는 "모든 것이 합력하여 선을 이루느니라"라고 합니다. 우리 삶의 기쁨, 성공, 성취, 열매와 같은 긍정적인 요소뿐 아니라, 부끄러움, 연약함, 모자람, 실수, 아픔과 같은 부정적인 요소들까지 '모든 것' 안에 다 포함되는 것입니다. 그래서 우리는 현재에 일어나는 모든 환난 중에서도 즐거워할 수 있으며, 모든 것이 합력하여 선을 이루게 되는 것입니다.

현재의 환난 중에서도 십자가의 비밀을 깨닫게 하시고 주님의 인격을 닮아가게 하심으로 말미암아, 세상 사람들이 알지 못하는 기쁨을 주시는 하나님을 찬양합니다.

우리 하나님은 역설적이십니다. 하나님께서는 독특하게도 환난 속에 즐거움을 넣어두셨습니다. 진짜 기쁨은 눈물 속에 넣어놓으신 것입니다. 십자가 안에 부활의 승리를 넣어놓으셨고 고난 속에 영광을 넣어놓으셨습니다.

언젠가 사랑의교회 특별새벽기도회에 오신 목사님이 이런 말씀을 하셨습니다.

"상처가 변하여 별이 된다(scar into star)."

사람들이 알지 못하는 기쁨의 능력이 환난 속에 있습니다. 이 능력을 개인적으로 경험할 수 있기를 바랍니다.

복음의 능력을 지향하는 삶

2010년은 코스타 설립 25주년이자 에든버러선교대회가 열린 지 100주년이 되는 해입니다. 1910년 영국 스코틀랜드에서 개최된 에든버러선교대회는 세계 선교사에 큰 획을 그었습니다. 그 선교대회를 통해 빌리 그래함을 비롯한 수많은 선교사들이 나왔습니다.

제가 에든버러선교대회 100주년 기념집회에서 말씀을 전할 기회가 있었습니다. 설교를 준비하면서, 한국에서 온 사람으로서 이 집회에 꼭 필요하고, 참석한 사람들이 기억할 수 있는 이야기를 달라고 하나님께 기도했습니다. 그러던 중 한국교회사를 다시 읽다가 어느 대목에서 깜짝 놀라게 되었습니다. 100년 전에 열렸던 에든버러선교대회에 평양신학교 초대 총장인 마포삼열 박사(Dr. Samuel Muffet)가 조선대표로 참석했다는 기록 때문입니다. 그가 100년 전 에든버러에서 이런 말을 했다고 합니다.

"지금 조선이라는 나라는 러시아와 중국과 일본이라는 강국에 둘러 싸여 경제적으로나 정치적으로는 아무런 희망이 없습니다. 그런데 조선 민족에게는 한 가지 희망이 있습니다. 이 민족이 언젠가 영적 강국이 될 것이라는 사실입니다."

광화문을 수리하고 새로운 현판을 붙이는 일이 있었습니다. 그 일을 계기로 중앙일간지에 100년 전의 경복궁과 당시 주변 모습을 찍은 사진이 소개되었습니다. 그때의 사진을 보면 경복궁은 나름대로 기와로 지어졌지만 광화문 앞에는 초가집이 즐비합니다. 초라하기 짝이 없습니다.

1910년 무렵 열강에 의해 침탈당하던 조선의 일반 민중들은 무능한 조정과 부패한 관리 때문에 고통 받았고 미신에 혹세무민당하며 아무런 희망이 없었습니다. 그들에게 미래는 잿빛이었습니다. 그런데 마포삼열 박사는 그런 조선을 보면서도 이 나라가 언젠가는 복음을 통해 영적 강국이 될 것이라고 말한 것입니다. 하나님이 원하시면 경제적이고 정치적인 능력도 영적 능력에 걸맞도록 하실 것이라고 그는 말했습니다. 그리고 100년 뒤, 정말 그의 말대로 되지 않았습니까? 복음의 능력이 100년 후의 대한민국을 만든 것이라 해도 과언이 아닌 것입니다.

복음에 대한 설명을 듣고 깨닫는 것도 중요합니다. 그러나 더 중요한 것은 복음의 능력이 나타나는 현장에서 주인공이 되는 것입니다. 초대교회 성도의 70퍼센트는 노예 신분이었다고 합니다. 그런데 그들이 전한 복음의 능력 앞에 에베소가 문을 열고 빌립보가 항복을 하고 대로마제국이 백기를 들었습니다. 당신도 그들처럼 복음의 능력을 지향하는 삶을 살기를 바랍니다. 복음의 능력을 체험함으로 말미암아, 복음의 선포자로서 이 시대의 역사를 새롭게 조명하고 써나갈 수 있기를 축복합니다.

누구나 그리스도인이 되는 순간, 예수 그리스도를 구세주와 주님으로 받아들인 그 순간에 이미 선교라는 DNA를 가지게 되는 것입니다. 특별한 사람에게만 선교의 은사가 있어서 부르심을 받는 것이 아닙니다.

복음의 능력을 입고
민족을 사랑하는 사람이 된다

PART

2

내 아픔 아시는 아버지 품으로

내가 아팠던 이유

CHAPTER 5
이용규

몽골 선교사. 몽골국제대학교 부총장(역임). 하버드대학교 중동지역학 및 역사학 박사과정 졸업. 저서 《내려놓음》, 《더 내려놓음》, 《같이 걷기》.

제가 《내려놓음》을 낸 후에 여러 독자들로부터 많은 질문을 받게 되었습니다. 그중에는 이런 내용도 있었습니다.

"내려놓음 책을 읽고 나서 오히려 속이 상하고 짜증까지 났습니다. 저는 하나님께 아무리 기도해도 제 삶에 특별한 일도 없고 기도 응답도 별로 없는 것 같은데, 이 선교사님이 기도할 때는 하나님이 왜 그토록 잘 응답하셨을까요? 하나님께 서운한 생각까지 들었습니다."

제가 이런 질문을 읽으면서 '사람들이 하나님에 대해 오해가 있고 아픔까지 있구나' 하고 생각습니다. 그렇게 오해하는 분들이 의외로 많이 있을 수 있겠다 싶었습니다.

이런 분도 있있습니다. 불치병에 걸린 딸을 살려달라고 열심히 기도했는데 하나님이 끝내 그 기도를 들어주지 않으셨다고 합니다. 하늘나라로 데려가신 겁니다. 그 분이 그 일 후에 《내려놓음》 책을 보았는데, 위로가 되기는커녕 하나님에 대해 더 큰 서운함을 갖게 되었다고 했습니다.

하나님에 대한 오해

오해 가운데 한 가지를 먼저 풀고 싶습니다. 책을 쓸 때는 지난 삶을 정리해야 하는데, 아무래도 하나님께서 강하게 일하셨던 사건들만 압축해서 나열하게 됩니다. 그래서 책을 보면 마치 제 삶 가운데 하나님의 놀라운 인도하심이 날마다 계속된 것처럼 보일 수 있습니다. 그래서 오해의 소지가 있을 수 있었던 것 같습니다. 저도 기도하지만 하나님께서 응답하지 않으시거나 오히려 막으시는 경험을 많이 했습니다. 예를 들어, 저도 어떤 일을 위해 이렇게 기도할 때가 있습니다.

"하나님, 이것은 이 시간까지 꼭 필요합니다!"

그런데 하나님의 데드라인과 저의 데드라인 사이에 큰 차이가 있다는 사실을 경험하곤 합니다.

수험생라면, 혹시 이런 기도를 해보지는 않았습니까?

"내가 이번에 대학 가려는데 절대 이 (특정 수준의 대학교) 밑으로 안 되거든요!"

아무리 기도해도 하나님의 생각과 우리의 생각 사이에 차이가 있을 때가 있습니다. 똑같이 집회에 참석해서 어떤 친구들은 은혜 받은 것 같은데 나는 아무런 감동이 없을 때가 있습니다. 그러면 이런 질문을 하게 됩니다.

'하나님이 나만 소외시키시는 건 아닐까? 저 친구에게는 왜 은혜를 주시는 걸까?'

이럴 때 당신은 어떻게 반응하셨습니까? 이 부분에 대해 나누기를 원합니다.

첫째, 믿지 않고 기도할 때가 있습니다

신명기 3장 23장에서 28절까지의 말씀을 보면 모세가 하나님께 간구하는 장면이 나옵니다.

"그때에 내가 여호와께 간구하기를 주 여호와여 주께서 주의 크심과 주의 권능을 주의 종에게 나타내시기를 시작하셨사오니 천지간에 어떤 신이 능히 주께서 행하신 일 곧 주의 큰 능력으로 행하신 일같이 행할 수 있으리이까 구하옵나니 나를 건너가게 하사 요단 저쪽에 있는 아름다운 땅, 아름다운 산과 레바논을 보게 하옵소서 하되 여호와께서 너희 때문에 내게 진노하사 내 말을 듣지 아니하시고 내게 이르시기를 그만해도 족하니 이 일로 다시 내게 말하지 말라 너는 비스가산 꼭대기에 올라가서 눈을 들어 동서남북을 바라고 네 눈으로 그 땅을 바라보라 너는 이 요단을 건너지 못할 것임이니라 너는 여호수아에게 명령하고 그를 담대하게 하며 그를 강하게 하라 그는 이 백성을 거느리고 건너가서 네가 볼 땅을 그들이 기업으로 얻게 하리라 하셨느니라"(신 3:23-28).

23절에서 모세는 "여호와께 간구했다"고 말합니다. 모세는 하나님이 한 번 안 된다고 말씀하신 것을 다시 간구한 것입니다. 저는 이런 모습이 참 귀하다고 봅니다. 하지만 사실 많은 사람들은 이렇게 하지 못합니다. '내려놓음'을 오해하는 분들도 비슷한 것 같습니다. 하나님께 구하는 것에 대해 조심스럽게 생각하는 경향이 있는 것입니다.

'내가 하나님께 구하기만 할 것이 아니다. 내가 구하고 싶은 것이 있어도 웬만하면 참고 내려놓고 그냥 하나님이 주시는 것만 받자.'

그런데 이런 태도가 정말 온전하게 내려놓는 것인지는 다시 한번 생각해볼 필요가 있습니다.

'그리 아니하실지라도'의 믿음

제 아내는 막딸입니다. 아내는 부모님께 뭔가 요구하고 싶은 게 있어도 부모님이 들어주지 않으시면 관계가 어려워질 것을 두려워해 아예 처음부터 요구하지 않았다고 합니다. 그러면 아내에게 서운함이 사라졌을까요? 그렇지 않았습니다. 우리는 누구나, 내가 원하는 걸 부모님이 들어주지 않으셨을 때 끝내 서운함이 남습니다. 속으로 '역시 안 되는 일인가 보다'라고 오해하는 것이지요.

그런데 그런 생각과 태도가 하나님과의 관계에서도 나타나는 경우들이 많습니다. '하나님께 구했다가 안 들어주시면 어떻게 하지?'라는 생각 때문에 처음부터 구하지 않는 겁니다. 그것이 신앙이 아주 좋은 사람의 태도와 행동인 것처럼 착각하기도 합니다.

제 아내가 대학생 시절에 가진 모토 중에 하나가 '그리 아니하실지라도'였다고 합니다. 같은 말로 시작하는 복음성가도 있습니다만, 사실 이 말을 누가 처음 했습니까? 다니엘의 친구들입니다.

"그렇게 하지 아니하실지라도 왕이여 우리가 왕의 신들을 섬기지도 아니하고 왕이 세우신 금 신상에게 절하지도 아니할 줄을 아옵소서"(단 3:18).

금 신상에 절하기를 거부한 사드락과 메삭과 아벳느고가 화형을 당하게 되었는데, "왕이여 우리가 섬기는 하나님이 계시다면 우리를 맹렬히 타는 풀무불 가운데에서 능히 건져내시겠고 왕의 손에서도 건져내시리이다"(단 3:17)라고 믿음을 고백합니다. 그러나 하나님께서 우리가 원하는 대로 구해주지 않으실지라도 하나님을 경외하고 사랑하기를 원한다고 고백한 것입니다. 굉장히 뛰어난 신앙의 자세인 것은 분명합니다. 하지만 자칫하면 우리의 불신앙을 그런 모토로 살짝 가려버릴 수도 있다는 것이 문제입니다.

우리가 초자연적인 믿음을 가지고 교회생활이나 신앙생활을 하기보다 어쩌면 불신앙이나 다름없는 믿음을 가지고 생활할 때가 더 편리하다는 것을 느끼게 됩니다. 심지어 선교사의 삶에서도 그럴 때가 많습니다.

저도 사역 현장 가운데서 이와 유사한 경험을 많이 하게 됩니다. 몽골의 의료 환경이 너무 어렵다 보니 기도에 의지해야 하는 순간들이 많습니다. 제 아이들이 아플 때도 있습니다. 그럴 때는 편안한 마음으로 기도를 해줍니다. 그런데 다른 아이들을 위해 기도할 때는 믿음이 조금 약해지는 것 같습니다.

감기와 같은 가벼운 병을 위해 기도할 때는 기도가 쉽게 나옵니다. 하지만 암과 같은 어려운 병을 위해 기도할 때는 쉽지 않습니다. 그런 분을 위해 기도해줄 때는 제 스스로에게 믿음이 많이 필요하다는 것을 느낄 때가 사실 많습니다.

제 주변의 사람들을 위해서는 쉽게 기도가 되는 편입니다. 그러나 잘 모르는 사람들을 위해 기도할 때는 그렇지 못합니다. 몽골에서 사역할 때는 특별히 하나님이 주신 부담 때문에 회중들을 위해 치유기도를 해줘야 할 때가 가끔 있습니다. 그럴 때는 제가 참 믿음이 없다는 생각을 하곤 합니다.

그런데 모세가 간구하는 태도를 보면 어딘가 다른 것을 느낍니다. 모세는 일단 마음속에 가지고 있는 것을 하나님께 다 이야기한 것 같습니다. 그렇게 할 수 있는 이유는 하나님에 대한 신뢰가 있었기 때문입니다.

저도 아내가 그랬던 것처럼 '그리 아니하실지라도'의 믿음을 갖고 싶을 때가 많습니다. 하지만 자칫 잘못하여 우리의 불신앙을 이런 표현으로 가려서는 안 될 것입니다. 그럴 때는 그냥 이렇게 기도하면 좋겠습니다.

"하나님, 제가 믿음이 없습니다. 하지만 믿음이 없음에도 불구하고 일하시는 하나님을 신뢰합니다."

이렇게 기도하고 반응할 때 하나님께서 일해주시는 것을 경험하게 됩니다.

둘째, 이해 못하거나 응답되지 못할 기도가 있습니다

모세가 하나님과 대화하는 장면을 살펴보면, 모세가 하나님께 평생의 소원으로 품고 있던 기도가 있었음을 알 수 있습니다.

"구하옵나니 나를 건너가게 하사 요단 저쪽에 있는 아름다운 땅, 아름다운 산과 레바논을 보게 하옵소서 하되"(신 3:25).

모세가 백성들을 데리고 가나안 땅에 잘 들어갈 수 있게 해달라고 간구한 것입니다. 그런데 하나님께서는 그것을 거부하십니다.

"여호와께서 너희 때문에 내게 진노하사 내 말을 듣지 아니하시고 내게 이르시기를 그만해도 족하니 이 일로 다시 내게 말하지 말라"(신 3:26).

그 일은 더 이상 구하지도 말라고 하십니다. 매정하게 끊어버리십니다.

모세와 하나님은 보통 사이가 아닙니다. 모세는 놀라운 일을 많이 경험했습니다. 그가 간구하고 기도하는 것들은 하나님께서 놀랍게 응답하고 일해주셨습니다. 때로는 하나님이 그 마음에 품고 계셨던 일, 예를 들면 이스라엘 백성들을 없애버리고 새로 시작하겠다고 하실 때 모세가 간구하여 하나님의 생각을 돌려놓기도 했습니다(민 14:11-20). 그런 모세가 자신의 평생의 소망을 말하는데 하나님께서는 단호하게 거절하십니다.

하나님은 우리 같은 보통 사람들의 기도만 안 들으시는 게 아니라 때로는 정말 하나님의 사람이라고 인정받는 사람들의 기도도 듣지 않으실 때가 있습니다. 왜 그럴까요? 말씀 속에서 답을 찾아보면 좋겠습니다.

신명기 3장 26절을 보면 "너희(이스라엘 백성) 때문에" 하나님이 진노하셨다고 하십니다. 이것이 모세가 이해한, 가나안에 들어가지 못한 첫 번째 이유입니다. 어떤 사건 때문에 하나님이 이스라엘 백성에게 진노하셨던 걸까요?

신명기의 이 기록보다 앞선 민수기 20장에 하나님이 진노하시게 된 이유가 기록돼 있습니다.

"지팡이를 가지고 네 형 아론과 함께 회중을 모으고 그들의 목전에서 너희는 반석에게 명령하여 물을 내라 하라 네가 그 반석이 물을 내게 하여 회중과 그들의 짐승에게 마시게 할지니라"(민 20:8).

광야에서 이스라엘 백성들이 물이 없어서 불평했습니다. 이것은 40여 년 전에 그들의 부모가 광야생활 초기에 했던 불평과 같은 것이었습니다. 그 세대가 다 사라지고 새로운 세대가 자라나서 곧 가나안 땅에 들어갈 것을 준비하고 있는 상황이었습니다. 그런데 또 물이 없다고 불평하는 모습을 보면서 모세는 너무 마음이 아팠습니다.

하나님께 엎드렸습니다. 그러자 하나님께서는 이 백성들 앞에서 그냥 반석에게 명해 물을 내라고 하십니다. 그런데 모세는 그냥 그렇게 하고 싶지 않았습니다. 조금 '오버'합니다.

"모세와 아론이 회중을 그 반석 앞에 모으고 모세가 그들에게 이르되 반역한 너희여 들으라 우리가 너희를 위하여 이 반석에서 물을 내랴 하고 모세가 그의 손을 들어 그의 지팡이로 반석을 두 번 치니 물이 많이 솟아나오므로 회중과 그들의 짐승이 마시니라"(민 20:10,11).

모세가 화를 낸 것입니다. 그것을 하나님이 기뻐하지 않으셨습니다. 왜 그러셨을까요?

가나안에 못 들어간 또 다른 이유

하나님이 모세에게 보여주신 그분의 특별한 성품이 있습니다. 하나님이 모세를 만나시면서 특별히 '나는 여호와라 노하기를 더디하고 인자한 여호와'라고 말씀하셨습니다.

"여호와께서 그의 앞으로 지나시며 선포하시되 여호와라 여호와라 자비롭고 은혜롭고 노하기를 더디하고 인자와 진실이 많은 하나님이라"(출 34:6).

모세에게는 하나님의 인자한 성품을 드러낼 사명이 있었습니다. 그런데 모세가 백성들 앞에서 분노하면 그것은 곧 하나님의 분노처럼 느껴지게 됩니다. 하나님을 대변해야 하는 사람으로서 하나님을 온전히 표현하지 못하게 되는 것입니다. 그래서 하나님은 모세에게 들어가지 못한다고 말씀하셨던 것입니다. 우리는 대개 여기까지만 알고 있습니다.

그런데 성경을 보면 또 다른 이유가 있음을 보게 됩니다. 그 일에 앞서 40여 년 전에 백성들이 물이 없다고 불평했고, 물이 나왔던 장소에서 이스라엘 백성들이 가나안으로 10명의 정탐꾼을 보냈습니다. 그런데 정탐꾼의 대부분이 돌아와서 긍정적인 보고를 하지 않고 부정적인 보고를 했습니다.

"거기서 네피림 후손인 아낙 자손의 거인들을 보았나니 우리는 스스로 보기에도 메뚜기 같으니 그들이 보기에도 그와 같았을 것이니라"(민 13:33).

그러나 오직 여호수아와 갈렙 두 사람만 긍정적인 보고를 합니다.

"그 땅을 정탐한 자 중 눈의 아들 여호수아와 여분네의 아들 갈렙이 자기들의 옷을 찢고 이스라엘 자손의 온 회중에게 말하여 이르되 우리가 두루 다니며 정탐한 땅은 심히 아름다운 땅이라 여호와께서 우리를 기뻐하시면 우리를 그 땅으로 인도하여 들이시고 그 땅을 우리에게 주시리라 이는 과연 젖과 꿀이 흐르는 땅이니라"(민 14:6-8).

이스라엘 백성들이 10명의 부정적인 보고를 받고 분노하고 하나님께 원망했을 때, 하나님이 말씀하셨습니다.

"여분네의 아들 갈렙과 눈의 아들 여호수아 외에는 내가 맹세하여 너희에게 살게 하리라 한 땅에 결단코 들어가지 못하리라"(민 14:30).

여호수아와 갈렙 두 사람 외에는 애굽에서 태어난 사람이라면 그 어느 누구도 가나안 땅을 밟을 수 없을 것이라고 이미 말씀하셨습니다. 그렇다면 모세도 들어가지 못하는 것입니다. 광야생활 초기부터 모세가 가나안 땅에 들어가지 못한다고 결정해놓으셨다는 사실입니다. 심지어 하나님은 모세를 비스가 산으로 데리고 가셔서 이스라엘 백성이 들어갈 가나안 땅을 보여주셨지만, 모세는 들어가지 못한다고 말씀하십니다.

"너는 비스가 산 꼭대기에 올라가서 눈을 들어 동서남북을 바라고 네 눈으로 그 땅을 바라보라 너는 이 요단을 건너지 못할 것임이니라" (신 3:27).

보라고는 하십니다. 그러나 들어가지는 못한다고 하십니다. 그러니 여호수아를 축복하고 그가 잘 사역할 수 있도록 도와주라고 하십니다.

왜 그러셨을까요? 이 수수께끼를 풀려면 신약으로 들어가야 합니다. 신약성경에 모세와 여호수아의 관계에 대한 핵심이 있습니다. 모세와 여호수아의 관계는 세례요한과 예수님 사이의 관계와 사역에 좋은 예표가 됩니다.

멈춰 있으라고 하실 때

세례요한은 광야에서 세례를 베풀며 회개를 촉구하는 사역을 했습니다. 모세는 광야에서 이스라엘 백성이 가나안 땅에 들어가기까지 준비하는 사역을 했습니다. 모세의 역할은 이스라엘 백성들을 데리고 홍해를 건너는 일까지였습니다. 여호수아의 사역은 이스라엘 백성들을 데리고 요단강을 건너 가나안 땅으로 들어가서 하나님의 나라를 정복하고 확장하는 것이었습니다. 여호수아의 사역이 예수님의 사역과 비슷한 것을 볼 수 있습니다. 여호수아와 예수님의 이름은 그 어근도 같습니다.

세례요한이 예수님께 세례를 베풀었습니다. 여호수아가 모세로부터 안수를 받고 사역이 열린 것처럼, 예수님은 세례요한으로부터 세례를 받고 나서 공생애가 시작된 것입니다. 그리고 세례요한을 따르던 제자들이나 군중들은 예수님을 향하게 됩니다.

세례요한의 사역은 그렇게 예수님을 예비하는 사역이었습니다. 모세의 사역도 여호수아를 예비하는 것으로, 서로 맞물려 있습니다. 그래서 예수님이 세례요한에게 주신 칭호가 있습니다. '사람 중에 가장 큰 자'라는 것입니다.

"내가 너희에게 말하노니 여자가 낳은 자 중에 요한보다 큰 자가 없도다 그러나 하나님의 나라에서는 극히 작은 자라도 그보다 크니라 하시니"(눅 7:28).

모세가 멈출 때 멈췄기 때문에 받은 칭호가 있습니다. 모세 이후로는 이스라엘에 그보다 더 큰 선지자가 나오지 않았다는 것입니다.

"그 후에는 이스라엘에 모세와 같은 선지자가 일어나지 못하였나니 모세는 여호와께서 대면하여 아시던 자요"(신 34:10).

하나님이 어떤 특별한 사명을 위해 멈춰 있으라고 하실 때가 있습니다. 더 나아가지 말고 기다리라고 하실 때도 있습니다. 모세가 서운했을 것입니다.

그런데 세례요한은 어떻게 최후를 보냈습니까? 헤롯 왕에게 미움을 받아서 감옥에 갇히게 됩니다. 그러다가 헤롯 왕이 세례요한의 목을 자르기로 결심합니다. 세례요한이 감옥에 있는 동안에 무슨 생각을 했을까요?

'혹시 하나님이 나를 구해주지는 않으실까?' 하나님이 나를 위해 영광스럽게 멋있는 탈출계획을 예비해주시지 않았을까? 혹시 망나니가 칼로 나를 치려고 할 때, 나를 위해 칼이 두 쪽이 나지는 않을까? 그래도 내가 하나님께 그동안 충성을 다했는데….'

세례요한은 이런 상상을 했을지도 모릅니다. 그러나 형장에서 목이 잘리게 되었습니다. 세례요한이 목이 잘리기 직전에 무슨 생각을 했을까요? '하나님, 도대체 왜?'라고 하지 않았을까요? 그것은 당신이 마음속으로 물어봤던 질문과 같았을 것입니다. 이런 질문을 할 수도 있을 겁니다.

"그런데 하나님, 왜 저 사람은 나와 다르게 다루세요?"

하나님이 아시는 것을 우리가 알 방법

저도 이런 질문 때문에 진지하게 고민했던 적이 있었습니다.

지난 2007년, 한국교회는 100년 전인 1907년에 주셨던 놀라운 부흥을 다시 한번 허락해주시기를 바라면서 부흥을 위해 열심히 기도했습니다.

그런데 열심히 기도한 한국교계에 하나님께서 부흥을 선물로 주신 것이 아니라, 어려운 일들을 주시기 시작했습니다. 그중에 한 가지가 아프가니스탄 인질 사태였습니다. 아프가니스탄을 방문한 단기선교팀이 인질로 잡힌 일이었습니다. 그 사건은 저에게도 굉장한 충격이었습니다.

제가 몽골에서 단기선교팀을 많이 받아봤는데 감사하게도 사고가 난 적은 없었습니다. 하나님이 인도해주신 덕분이긴 하지만, 여하튼 아프가니스탄에서 일어난 사고를 보면서 남의 이야기 같지 않았습니다. 제 주변에서 일어난 일처럼 느껴져서 오랫동안 하나님께 간절히 기도했습니다.

"하나님의 계획이 도대체 어디에 있는지, 저는 알지 못합니다. 하지만 이 일들이 어려움 없이 해결되기를 원합니다."

그렇게 기도하는데, 문득 하나님께서 어쩌면 내가 원하는 대로 일하지 않으실 수도 있겠다는 두려움이 찾아왔습니다. 걱정이 되었습니다.

"하나님, 도대체 왜 그러십니까? 하나님이 다른 계획을 가지고 계신 것 같습니다."

하나님은 우리에게 모든 것을 말씀해주시지는 않습니다. 욥이 고난 가운데 있었을 때, 욥은 자기가 왜 그렇게 힘든 일을 겪어야 하느냐고 하나님께 하소연했습니다. 그런데 하나님께서는 욥에게 그 이유를 다 설명해주시지 않았습니다. 그 대신에 엉뚱한 것처럼 들리는 말씀만 나열하셨습니다.

"네가 낚시로 리워야단을 끌어낼 수 있겠느냐 노끈으로 그 혀를 맬 수 있겠느냐 너는 밧줄로 그 코를 꿸 수 있겠느냐 갈고리로 그 아가미를 꿸 수 있겠느냐"(욥 41:1,2).

이해할 수 없는 질문만 하십니다. 무슨 뜻일까요? 이 질문의 핵심은 두 가지입니다.

첫째, 내가(하나님이) 하는 말을 너는 이해할 수 있는가?

둘째, 내가(하나님이) 하는 일을 너는 할 수 있는가?

이 두 질문의 요지는 간단합니다. 우리는 하나님이 알고 계신 것을 알 방법이 없다는 것입니다. 제한된 사고를 가지고 있는 사람은 무한한 사고를 가지신 하나님이 무엇을 어디까지 알고 계신지를 전혀 알 수 없습니다.

하나님이 욥에게 답 대신에 질문을 하셨던 것처럼, 놀랍게도 제게도 답 대신에 이런 질문을 던지셨습니다.

"너는 죽음의 문제를 극복했느냐?"

부흥에 대한 하나님의 생각

제가 저를 돌아보았습니다. 그리고 이해가 되었습니다.

아프가니스탄 사태가 일어났을 때 우리 사이에 '왜'라는 질문이 왜 그렇게 많이 나왔던 것일까요?

'나는 단기선교 다녀온 적이 있는데, 그런 일이 내게 생겼더라면 어쩔 뻔했어?'

'나도 단기선교 다녀올 일이 있는데, 나에게 만약 그런 일이 생기면 어떻게 하지?'

그런 생각을 자꾸 하다가, '이러다 믿음이 없어지겠다'라고 우려하면서 생각을 접었을 겁니다. 죽음의 문제 앞에서 더 이상 질문을 전개하고 싶지 않았습니다. 저는 어쩌면 그것이 부흥을 원했던 많은 분들에게 주셨던 하나님의 질문이었던 것 같습니다.

많은 사람들이 부흥을 생각할 때 교회가 가득 차거나 집회에 빈자리가 없이 들어차는 것을 상상합니다. 예배의 감격이 있고 말씀 가운데 놀라운 은혜가 있으면 부흥이라고 생각합니다.

그런데 하나님의 생각은 우리와 좀 달랐던 것 같습니다. 부흥은 하나님의 영역입니다. 부흥은 하나님의 주권이 임하는 것입니다. 그 주권이 임할 때, 부흥 가운데 있어야 할 중요한 일 중에 하나가 바로 우리의 죽음입니다.

세례요한은 목이 잘리기 전에 자기를 돌아보며 여러 가지 생각을 했을 것입니다.

'혹시 내가 죄가 많아서 그런가? 나는 광야에서 옷 한 벌로 지내며

메뚜기와 석청만 먹고 살았는데…'

하지만 그것은 그의 죄의 문제가 아니었습니다. 다른 이유가 있었습니다.

세례요한의 질문이 풀리는 계기가 있엇습니다. 예수님이 세례요한이 했을지도 모를 질문과 똑같은 질문을 골고다 언덕에서 하셨을 때입니다. 예수님이 십자가에서 이런 질문을 던지십니다.

"엘리 엘리 라마 사박다니."

"하나님, 어찌하여 나를 버리십니까?" 하는 뜻입니다. 시편의 구절(시 22:1)을 인용해서 자신의 깊숙한 곳에 있는 마음을 하나님께 올려드린 것입니다.

예수님의 절규를 하나님은 듣지 않으시는 것처럼 보였습니다. 무정하게도 십자가에 예수님을 내버려 둔 것처럼 보입니다. 이것은 온 인류가 가지고 있었던 질문이기도 합니다.

하나님이 예수님의 부르짖음에 침묵하셨던 이유가 있습니다. 예수님의 사명과 맞물려 있기 때문입니다. 예수님의 사명의 예표가 세례요한이었습니다. 그리고 세례요한의 예표는 모세였습니다.

하나님은 모세의 기도를 들으실 수 없었습니다. 그것은 모세의 잘못 때문이 아니었습니다. 모세가 보여주어야 할 그의 마지막 사명과 연결되어 있었습니다.

하나님께서 우리 기도를 듣지 않으셨던 영역 가운데, 때로는 우리의 사명이 숨겨져 있습니다. 우리의 아픔을 하나님이 사용하시는 것입니다.

위로할 자격

제가 2009년에 안식년을 가졌습니다. 안식년 동안 미국에서 집회를 할 기회가 있었는데, 하나님이 제게 미국의 한인 청년들에 대한 안타까운 마음을 주셨습니다. 그들의 아픔과 상처에 대해 느끼도록 해주신 것입니다. 그들을 위해 기도할 때, 하나님이 이런 말씀을 주셨습니다.

"내가 그들의 아픔을 안다. 하지만 그들 가운데 누가 나보다 더 아파보았을까?"

그 말씀은 그들더러 아픈 티 내지 말라는 뜻이 아니었습니다. 예수님이 아파보셨기 때문에 그들을 위로할 자격이 있다는 말씀이었습니다. 예수님이 십자가에서 상처받으셨기 때문에 우리를 위로하실 수 있는 것입니다.

시카고에 사는 어느 젊은 부인의 남편이 결혼 1년 6개월 만에 교통사고로 그만 세상을 떠났습니다. 부인은 남편의 죽음을 인정할 수 없었나 봅니다. 현실을 받아들이지 못했습니다. "내 남편은 안 죽었어! 당신들 왜 이래!" 하고 소리를 지르며 장례식을 거부했다고 합니다. 교인들이 간신히 진정시켜서 장례예배와 입관예배까지는 드렸습니다. 그런데 묘지에 가서 하관을 할 때가 문제가 되었습니다. 장정들이 관을 들자 "산 사람 눈에 흙이 들어가게 하면 안 되지!" 하고 통곡하며 관을 붙잡고 놓아주지 않았습니다. 주변에서는 그저 발만 동동 구를 뿐이었습니다. 그때 어느 집사님이 목사님에게 이렇게 제안했습니다.

"평소에 저 부인이 잘 따르는 권사님이 여기 와 계신데, 그 분을 모서다 달래보게 하시지요."

그 권사님이 다가오더니 부인의 귀에 대고 무슨 말을 속삭였습니다. 그러자 갑자기 부인이 털퍼덕 주저앉으며 말했습니다.

"네, 남편 죽은 거 인정할게요. 이제 묻으세요."

너무 신기했습니다. 장례식이 끝난 후, 사람들이 권사님께 물었습니다.

"도대체 뭐라고 말씀하신 거예요?"

그 권사님은 젊은 부인에게 이렇게 속삭였다고 했습니다.

"너는 1년 반을 살고 남편 보냈지? 나는 6개월 살고 남편 보냈다."

자식을 잃은 사람을 가장 잘 위로할 수 있는 사람이 누구일까요? 가슴 아프지만, 동일한 아픔을 경험한 사람입니다. 그런 분이 와서 아파하는 분의 손을 잡으며 "내가 당신의 마음을 압니다. 많이 힘들지요?" 하는 말은 위로가 됩니다. 아픔을 경험한 사람만이 가지는 사명이 있습니다.

상처의 효용성

당신이 하나님을 신뢰하려고 할 때마다 떠오르는 아픈 기억들이 있을 겁니다. 하나님이 응답해주지 않으시고 당신을 비참한 상태로 내버려 두셨다고 생각되는 일이 있을지도 모릅니다. 그런데 그 아픈 기억과 쓰라린 경험이 어쩌면 당신의 사명과 맞물려 있을 수 있습니다.

하나님이 울고 있는 미국의 청년들을 쓰시기 원한다는 음성을 들을 때마다 제가 불편했습니다.

"하나님, 하고 많은 사람들 중에 왜 하필 이 아이들입니까? 제가 볼 때 남미나 중국에서 자라는 아이들이 정서적으로도 훨씬 건강해보입니다. 영어를 잘하는 것 때문입니까? 다른 지역의 아이들도 영어 잘합니다. 이중문화 경험 때문인가요? 다른 지역에서도 이중문화를 경험합니다. 왜 굳이 이들을 쓰시겠다고 하시는 겁니까?"

그러자 하나님이 주신 말씀이 있었습니다.

"이들은 남다른 아픔을 경험했다. 주류사회에서 압박받는다는 것이 무엇인지를 경험했다. 영어 때문에 또는 여러 가지 넘지 못하는 벽으로 인한 아픔이 있다. 내가 그들의 아픔을 사용하기 원한다."

하나님이 우리에게서 발견하실 수 있는 가능성은 우리가 가진 장점이나 능력이 아닙니다. 우리의 아픔과 실패의 경험을 하나님의 영광과 하나님나라의 사역을 위해 사용하시기 원하는 겁니다.

모세가 기도했을 때, 하나님은 모세를 외면하신 것처럼 보였습니다. 하지만 하나님은 모세를 향한 놀라운 계획을 가지고 계셨습니다. 모세가 평생 붙들고 있던 소원은 가나안 땅을 밟는 것입니다. 그런데 그 소원을 실제로 이루는 순간이 있었습니다. 모세가 가나안 땅을 실제로 밟았습니다. 그것이 언제일까요? 예수님을 만났을 때입니다. 예수님이 변화산(變化山)에 올라가셨을 때 모세와 엘리야가 예수님과 같이 있었습니다. 이것은 하나님의 놀라운 반전입니다.

하나님은 모세가 원한 시기에 모세가 원한 방식으로 모세의 소원을 들어주지 않으셨습니다. 하지만 하나님께서는 모세가 상상할 수 없는 더 놀라운 계획이 있으셨습니다. 그래서 "너는 그것만으로도 족하니 그 일로 더 이상 내게 구하지 말라"고 하신 말씀은 모세에게 어떤 섭섭한 감정이나 분노 때문에 하신 말씀이 아니라는 것입니다.

어쩌면 당신도 이런 질문을 가지고 있을 것입니다.

"하나님은 왜 나를 이 모양 이 꼴로 만드셨어요? 나는 하나님께 더 잘 쓰임 받겠다고 기도했는데, 왜 나를 이것밖에 안 되도록 하셨어요? 그토록 힘들던 그때, 마치 외면하시는 것처럼 왜 그렇게 나를 내버려 두셨어요? 나는 이렇게밖에 안 되나요?"

"내가 혼자 속상해서 울고 있을 때, 하나님은 내 기도를 듣고 계셨습니까? 나를 기억하고 계셨습니까? 내가 아픔 가운데 있을 때 주님은 어디 계셨습니까?"

당신의 절절한 호소에 하나님께서 이렇게 말씀하실 것입니다.

"내가 너의 뒤 아주 가까운 곳에 있었단다. 하지만 네가 너의 문제만을 보았기 때문에 너의 등 뒤에 있는 나는 보고 있지 않았단다. 내가 너의 아픔을 잘 안다. 왜냐하면 내가 너보다 더한 아픔 가운데 있어보았기 때문이란다. 네가 왜 그렇게 힘들어야만 했느냐고? 어쩔 수 없었단다. 하지만 이건 알기를 바란다. 너의 아픔 가운데 너의 사명이 숨겨져 있다는 것을. 너의 아픔 때문에 네가 섬겨야 할 대상이 있다는 것을."

예수님의 제자들을 보십시오. 예수님이 돌아가실 당시에 그들은 예수님을 떠나고 배반하며 실족하고 넘어졌습니다. 그러나 하나님은 넘어졌던 그들을 사용하기로 결정하십니다. 왜 그러셨을까요? 앞으로 일어날 로마의 박해 때 많은 사람들이 실족하게 될 것인데, 실족해본 경험이 있는 예수님의 제자들이 그런 사람들을 섬겨야 했기 때문입니다.

당신의 한계와 당신이 실족하는 경험이 당신의 사명과 맞닿아 있을 수 있습니다. 당신의 간절한 기도를 하나님이 외면하시는 것처럼 보이는 순간이 있습니까? 그렇다면 그 순간이 하나님이 일하시는 순간입니다.

아빠가 그리웠어요

한번은 제가 제 큰아들 동연이와 관계가 어려워진 적이 있었습니다. 그런데 하나님께서는 아들에게 사과하라고 제게 말씀하셨습니다. 그래서 제가 어린 아들에게 용서를 구했습니다. 그리고 며칠 뒤, 동연이가 슬그머니 다가오더니 제 무릎에 턱을 괴고 저를 빤히 쳐다보는 것이 아닙니까? 그런 아이를 보고 제가 깜짝 놀랐습니다.

"얘, 너 왜 안 하던 짓 하니? 너 혹시 아빠한테 뭐 부탁하고 싶은 거 있니?"

그러자 아이가 아니라며, 정색을 하고 대답했습니다.

"아빠, 뭐 부탁하고 싶어서 이러는 게 아니고, 그냥 아빠가 생각났어요. 아빠가 보고 싶어서 온 거예요. 아빠가 그리웠어요."

제가 너무 기뻐 아이를 안고 침대에서 구르며 한참을 놀았습니다. 그리고 며칠이 지났습니다. 제가 하나님께 기도하려고 하는데 마음이 갑갑했습니다. 하나님이 너무 멀게 느껴졌습니다. 사실은 그때 제게 하나님께 원하는 것들이 있었습니다.

"하나님, 이 사역을 위해서는 이러이러한 것들이 언제까지 필요합니다. 그런데 하나님은 제 기도를 듣지 않으시는 것 같습니다."

마음에 갑갑함이 있던 이유는 바로 그 때문이었습니다. 그런데 그때 문득 제 아들이 제게 하던 행동이 생각났습니다. 누가 보든 말든, 저는 기도하던 자세를 바꾸어 그냥 바닥에 드러누웠습니다. 그리고 이렇게 고백했습니다.

"아빠, 지금은 뭐 부탁하고 싶어서 이러는 게 아니고요, 그냥 아빠가 보고 싶어요. 아빠가 그리워요. 아빠를 누리기를 원해요."

그때 저를 찾아오시는 아버지를 경험했습니다. 저를 기뻐하시는 그분을 누렸습니다. 당신도 그렇게 해보기를 권합니다. 제 아들 동연이가 저에게 했던 것처럼, 당신의 영혼의 아버지에게 이렇게 고백하지 않으시겠습니까?

"아버지, 제게 뭐 안 해주셔도 괜찮아요. 제가 그걸 바라는 건 아니에요. 제가 지금 정말 필요로 하는 건 하나님 아버지 한분이에요. 아버지의 손에 들려 있는 선물이 아니고 그냥 '아빠'를 원해요. 아빠를 보고 싶어요. 아빠가 그리워요. 내 안에 아버지를 향한 강력한 배고픔을 주세요. 갈증을 주세요. 아버지를 누릴 수 있게 해주세요."

그렇게 아버지를 찾으시면서 당신의 마음을 올려드리십시오.

더 간절히, 오직 아버지만 구합니다

우리에게 필요한 건 아버지의 마음입니다. 우리가 살면서 어려웠던 이유는 아버지를 신뢰할 수 없었기 때문이었고, 우리를 향한 아버지의 따뜻함을 느껴보지 못했기 때문입니다. 그것이 우리의 가장 큰 문제였습니다. 지금도 왜 나에게만 문제가 있을까 하고 생각한다면, 다시 아버지를 구하며 그 은혜를 구했으면 좋겠습니다.

"우리를 향하신 그 계획을 우리가 다 알 수 없어도 좋습니다. 아픔의 원인을 다 알 수 없어도 좋습니다. 하지만 그 가운데 하나님 아버지의 선하신 마음이 숨어 있음을 고백합니다. 그리고 그것을 우리의 사명으로 받습니다. 그러므로 오직 아버지만을 구합니다. 아버지의 마음을 구합니다. 내 마음 다하여 내 마음속 깊은 곳에서부터, 더 깊이, 더 간절히 주님을 원합니다. 주님, 사랑합니다. 내 마음을 받아주시고, 아버지 당신의 마음을 내게 주십시오."

나의
필요보다
먼저
구할 것

인 생 전 환 스 위 치

CHAPTER 6
안민

고신대학교 부총장(역임). 고신대학교 교회음악과 교수 및 교회음악대학원장. 부산장애인전도협회 상임이사. 서울대학교 음악대학 성악과 및 동대학원 졸업. 이태리 롯시니 국립음악원 졸업. 로마 아르츠 아카데미 졸업.

요즘 제가 참 이상한 경험을 많이 하고 있습니다. 대표적인 일은 2009년에 '6·25 상기 기독장병 구국성회'에 강사로 초청 받아 간 일입니다. 서울 인근의 한 기도원에서 군인 1만 오천 명이 모이는 집회입니다. 그 성회에 목사 아닌 사람이 저녁 강사가 된 것은 제가 처음이라고 합니다. 제가 부산에 살기 때문에 KTX를 타고 서울역에 도착했는데, 저를 마중 나온 분은 육군사관학교 교장선생님으로 별 하나를 단 분이었습니다. 군대에서 손님 영접한다고 장군이 뜨는 일은 결코 흔한 일이 아닙니다. 기가 죽기 시작했습니다.

집회 장소 입구에 도착하니 이번에는 별 두 개가 나타나서 경례를 붙여주었습니다. 기분도 이상하고 기는 더 죽기 시작했습니다. 별들만 모인 식당에서 식사를 하고 집회 강단에 올라가려는데 행사 총책임자가 저를 맞이하러 내려왔습니다. 해군참모총장인데 별이 네 개였습니다. 제 기분이 약간 '업'도 되고 주눅이 들기도 하면서 정신이 없었지만, 하여튼 열심히 간증하고 내려왔습니다.

별들 앞에 선 작대기 하나 출신

다음 날 아침, 서울 인근 호텔에서 쉬고 있는데 전화가 왔습니다. 전 국방부 장관인 이준 장로님이었습니다.

"안 교수님, 어제 강의가 참 좋았습니다. 이 성회에 전통이 있는데, 집회 끝나고 병사들에게 설문조사를 해서 반응이 가장 좋은 강사는 이듬해 다시 모시는 겁니다. 그런데 이번엔 집회가 끝나지도 않았는데, 안 교수님을 내년 강사로 다시 모시기로 만장일치 결정했습니다."

제가 그래서 2010년 6월 25일에 또 갔다 왔습니다.

제가 오래 전부터 군부대 위문 공연도 다니고 집회도 많이 했지만, 그 일 이후로 더 소문이 나서 군부대마다 와달라는 요청이 줄을 잇기 시작했습니다. 충남 계룡대 육해공군 연합집회에 갔을 때는 앞자리에 두 분의 참모총장이 앉아 있었고, 그날 별 두 개 밑으로는 저하고 밥도 같이 못 먹었습니다. 육군사관학교에서는 육사 생도 전부를 모아놓고 특강을 했습니다. 천안함 사태 이후에는 해군작전사령부에 가서 비통에 젖어 있는 그들을 말씀과 찬양으로 위로했습니다.

그런데 제가 군대 갈 때마다 마음에 좀 찔리는 게 있습니다. 장교 출신은 당연히 아니고요, 대한민국 육군 병장 출신만 되었어도 얼마나 좋겠습니까만, 저는 작대기 하나 방위 출신입니다. 6개월만 근무한다고 '육방'이라고 하는 것 말입니다. 키가 작아서가 아니라 제가 2대 독자이고 아버님이 일찍 소천하셨기 때문에 그렇게 된 것입니다. 그러니 육방 출신이 장군들 앞에서 말씀을 전할 때마다 속으로 민망함이 있었습니다. 그래서 6·25 구국성회에 두 번째로 갈 때는 결심을 했습니다.

'이번에는 내가 작대기 하나 출신이지만 하나님 은혜로 이 자리까지 왔다고 고백하리라.'

하지만 그날 밤, 결국 말하지 못했습니다. 무대 위에서 순서 맡은 분들이 육군 대령인 군목 한 분 빼놓고 전부 장군들뿐이었습니다. 그래서 대령 목사님께만 살짝 고백했습니다.

"목사님, 제가 사실 방위 출신인데요. 그것도 육방."

그러자 목사님이 말렸습니다.

"안 교수님, 절대로 말하지 마세요!"

설 수 없는 자리에 세워주시는 분

저는 사실 제가 이런 자리에 서게 되리라고는 전혀 생각하지 못했습니다. 어떻게 작대기 하나 출신이 별들을 앞에 앉혀놓고 자기 이야기를 할 수 있습니까? 뿐만 아닙니다. 어떤 장소 누구 앞에서든, 저는 설 수 없는 사람입니다. 그럼에도 불구하고 제 인생 오십 몇 년이 지나는 동안 제가 수많은 일들을 하고 너무나 과분한 대접을 받으면서 살아왔습니다.

제가 설 수 없는 자리에 저를 세우신 분이 누구일까요? 제가 볼 수 없는 것들을 보게 하신 분이 누구일까요? 제가 말할 수 없는 것들을 말하게 하신 이가 누구이십니까? 저는 정말 누더기 같은 인생이었습니다. 그런 인생에 찾아오셔서 삶을 바꾸어놓으신 그분, 놀라운 나의 주님이십니다. 나의 주 예수 그리스도를 처음 만났던 감격을 가슴에 안고, 제가 결론적으로 미리 말씀드리고 싶은 것은 이것입니다.

당신의 지금의 모습이 어렵습니까? 좌절하고, 절망하고, 어디로 갈지 길이 안 보입니까? 그러나 20년 후의 당신의 모습은 절대로 이 모습이 아닐 것입니다. 꿈에도 생각하지 못했던 모습이 되어 있을 겁니다. 당신의 부모님도 기대하지 못했던 자리에서 당신이 상상도 하지 못했던 영향력들이 당신에게 주어질 것입니다. 그날을 생각하면 오늘 당신이 결코 아무렇게나 살아갈 수는 없는 것입니다.

지난날을 돌아보면 저는 정말 꿈에도 생각하지 못했던 길을 걸어왔습니다. 지금도 저는 꿈에도 생각하지 못했던 경험들을 하고 있고, 꿈에도 생각하지 못한 자리에 서 있습니다.

제 어릴 때 꿈은, 정확하게 말하면 저를 향한 제 아버지 꿈은 제가 의사가 되는 것이었습니다.

"민아, 아버지가 아무리 힘들어도 너 뒷바라지는 해볼 테니까, 너는 커서 훌륭한 의사가 한 번 돼봐라."

이북에서 피난 내려와 부산에서 고생하신 저의 부모님은 어렵게 살았지만, 자식만큼은 고생하지 않고 멋진 직업 가지고 근사하게 살기를 바라셨습니다. 옛날 우리 부모님들은 다 그랬습니다. 저는 어릴 때부터 아버지 말씀을 잘 들었습니다. 공부 열심히 하면서 자랐습니다.

그런데 제가 어릴 때부터 공부 말고 남들보다 좀 잘하는 게 있었습니다. 제가 노래를 좀 잘했습니다. 제가 노래로 처음 데뷔한 건 초등학교 3학년 때였습니다. 교회에서 여름성경학교 때, 노래대회에 출전한 것입니다. 몇 등 했을까요? 출전한 사람은 일곱 사람밖에 없었습니다만 그중에 제가 일등을 하고, 그때부터 저는 교회에서 부활절, 성탄절, 추수감사절 같은 행사만 하면 언제나 독무대에 섰습니다. 어른 대예배 성가대에 불려가 솔로를 한 적도 있었습니다.

제가 교회에서만 잘나간 사람이 아닙니다. 아침에 학교 등교하는 길에 멀리서부터 제 목소리가 들려오곤 했습니다. 제가 녹음한 노래 들으면서 아침에 학교 등교하는 기분이 제법 괜찮았습니다.

중학교 1학년 때부터 주일학교 교사를 했고 주일학교 찬양대 지휘를 했습니다. 고등학교에서 전교생이 애국가를 제창할 때, 제가 지휘를 했습니다. 그래서 제가 지휘를 한 지는 40년가량 됩니다.

저는 누구한테 노래를 배운 적이 없습니다. 그냥 수업시간에 배운 것만으로 혼자 연습해서 노래대회 나가면 언제나 1등 했습니다. 그 당시에 음대 간다고 비행기 타고 서울로 레슨 받으러 다니는 친구들이 저를 엄청 미워했습니다. 사람들마다 저에게 노래해라, 음대 가서 성악가 되라고 권했습니다. 그러나 저는 음악 할 생각이 없었습니다. 제 계획은 아버지가 기대하시는 대로 의사가 되는 것이었습니다.

마음 한쪽이 아파올 때

고등학교 2학년 말이 됐습니다. 학교에서는 문과반 이과반 나눌 때, 저는 의논할 것도 없이 이과였습니다. 의과대학 가야 되니까요.

며칠이 지난 어느 날이었습니다. 수업을 마치고 야간자습을 하기 전에 잠시 학교 뒷산에 앉아 석양을 바라보면서 이런저런 생각을 하는데, 제 머릿속이 복잡해지기 시작했습니다.

10년 후에는 내가 어떤 삶을 살고 있을까? 15년이 지나면 어떤 인생을 살고 있을까? 의과대학을 졸업하고 의사가 되어 있겠지? 이런 생각을 하는데 제 마음 한쪽이 아파오기 시작했습니다.

사실 그런 고민은 그때가 처음은 아니었습니다. 고등학교 올라가면서 가끔씩 찾아와 내 마음을 흔들어놓는 생각이었습니다.

'의사가 되면 원하는 많은 것들을 누리면서 살 수 있을지 모르지만 내가 좋아하는 노래를 부르며 살 수는 없겠지.'

쓸쓸하게 산을 내려왔습니다. 공부하려고 책상에 앉았는데 공부를 할 수 없었습니다. 집에서 잠을 자려고 누웠는데 밤새도록 한숨도 못 잤습니다. 며 날을 고민하던 끝에 드디어 결심했습니다. 부산에서 유명하다는 성악가 선생님을 찾아갔습니다.

"선생님, 제가 노래대회에서 상도 많이 받았습니다. 노래 잘한다는 소리 많이 들었습니다. 제가 노래로 한번 승부를 걸어봐도 되겠습니까?"

선생님께서는 들어봐야 알 수 있다며 처음 보는 악보를 주면서 불러보라고 했습니다. 저는 어려서부터 성가대 지휘를 했기 때문에 악보 보는 것은 자신 있었습니다. 한 시간 동안 테스트를 받았습니다. 선생님의 눈이 동그래졌습니다.

"천부적이다. 음악성 뛰어나고, 시창 실력 뛰어나고. 나에게 1년만 배우면 원하는 대학 어디든지 갈 수 있겠다."

"정말입니까? 선생님 그럼 오늘부터 노래 좀 가르쳐주십시오."

"가르쳐주지. 그런데 미안하지만 노래는 다음 주부터 하고 집에 가서 어머니를 좀 모시고 오게."

"선생님, 노래는 제가 하는데 엄마가 왜 필요하니까? 엄마도 노래를 잘 불러야 됩니까?"

"그건 아니고, 미안하지만 노래는 공짜로 가르쳐주는 게 아니네. 돈을 내야 하네."

제가 간이 덜컹 내려앉았습니다. 우리 집이 가난했기 때문입니다.

"레슨비가 얼마입니까?"

"한 달에 4만원이다."

지금은 그리 큰돈이 아니지만, 그때 돈 4만원은 적은 돈이 아니었습니다. 제가 대학 입학할 때 첫 학기 등록금이 10만 8천 2백 원이었으니까요. 우리 집은 제가 중고등학교 시절에 정말 가난하고 어려웠습니다. 아버지 사업이 망해서 빚더미에 올라앉아 있었습니다.

목숨보다 귀한 아들을 위해

밤잠을 못자고 몇 날을 고민하다가, '그래, 안 되면 안 되고, 말씀이나 한빈 드려보자' 하고 늦게 들어오신 아버지 앞에 무릎 꿇고 앉았습니다.

"아버지, 제가 노래대회서 상 많이 받은 거 아시지요? 제가 이번에 어떤 유명한 선생님한테 테스트를 받았습니다. 그랬더니 제 목소리가 아주 좋다고 합니다. 아버지 말씀 어기는 것은 죄송하지만, 저 의과대학 말고 음악대학에 가고 싶습니다. 그런데 음대를 가려면 한 달에 4만원 레슨비를 내야 합니다. 이 돈을 1년만 대주시면 대학 가서는 제가 무슨 짓을 해서라도 돈 벌어서 공부하겠습니다."

아버지 안색이 이상해지기 시작했습니다.

"너 지금 무슨 소리 하고 있냐? 레슨이 뭐라고?"

한참 설명을 더하려는데, 제 눈에 불이 번쩍 했습니다. 성령님이 임하신 게 아니었습니다. 아버지 주먹이 날아온 것이었습니다. 그날부터 우리 집은 저녁마다 3차대전이 벌어지기 시작했습니다. 그래도 포기할 수 없었습니다. 새벽에 봉제공장으로 출근하는 어머니를 협박하기 시작했습니다.

"어머니, 나 노래 안 시켜주면 어디 가서 콱 죽어 버릴 거야!"

3일 새벽을 협박했지만 어머니도 허락하지 않으셨습니다.

"민아, 우리 집안에 노래가 웬 말이냐? 아버지도 저리 펄펄 뛰지, 음악이란 건 또 두고두고 뒷바라지해야 되는 건데, 우리가 무슨 수로 너를 뒷바라지하니? 나중에 부모 원망하지 말고, 지금 네가 할 수 있는 일은 공부밖에 없다. 맘 잡고 공부해라."

저는 미칠 것 같았습니다. 밤잠을 못자고, 아무것도 못 먹고, 완전히 폐인처럼 변해가자 온 집안이 난리가 났습니다. 어느 날 새벽이었습니다. 누가 저를 흔들어 깨워 눈을 떠 보니 어머니였습니다.

"그래, 말 해봐라. 어찌 해주면 되겠냐?"

제가 떼는 썼지만, 아버지나 어머니가 도울 길이 없는 것을 제가 압니다. 하지만 이번에는 어머니 표정이 이상했습니다. 그래서 "엄마,

정말이에요? 그럼 선생님 좀 만나주세요" 하고 부탁했습니다.

영문을 모르는 어머니를 모시고 갔습니다. 선생님께서 레슨비와 입시 과정에 대해 설명했습니다. 저는 그날부터 노래 공부를 시작했습니다. 그때는 이게 무슨 영문인지 몰랐습니다.

나중에 알고 보니, 어머니는 제게 안 된다고 해놓고 출근했지만 일이 손에 잡히지 않았습니다. 하나밖에 없는 목숨보다 귀한 아들이 밤잠을 못 자고 못 먹고 폐인처럼 무너져갑니다. 이러다가 진짜 무슨 일 날 것 같았습니다. 그래서 노래 공부 시켜주기로 결심하신 것입니다.

그날부터 우리 엄마는 밤 열 시가 넘도록 야근하고 들어오셔서 또 새벽 2,3시가 넘도록 마루에서 무언가를 만들기 시작했습니다. 온갖 일을 다 하면서 돈을 마련하기 시작했습니다.

어느 날 저녁부터는 아버지가 집에 들어오지 않으셨습니다. 알고 보니 그동안 약한 몸으로 노동일 하고 저녁이 되면 파김치가 되서 들어오시던 아버지가, 제가 노래를 시작했다는 말을 들으시고 영도구 청학동에 있는 버스 회사에 밤새도록 경비까지 하러 나가신 겁니다. 그렇게 우리 어머니, 아버지의 등골이 휘는 처절한 고생을 머금고 저는 일 년을 기적처럼 노래 공부를 했습니다.

이듬해 서울, 서울내학교 성악과 시험을 치렀습니다. 발표 전날, 기다릴 수 없었습니다. 떨어졌을 것 같았지만 밤새도록 완행열차를 타고 서울에 합격자 발표를 보러 갔습니다. 열다섯 명 뽑을 때였습니다. '붙어봤자 꼴찌로 붙겠지' 하고 떨리는 마음으로 아래부터 제 이름을 찾았는데 보이지 않았습니다.

'떨어졌구나.'

돌아서려다가 '저 위에는 내 이름이 없을 텐데 보기는 다 봐야지' 하고 다시 보는데 꼭대기에 선명한 두 자짜리 이름이 보였습니다. '편할 안 백성 민', 제 이름이었습니다!

그렇게 대학 입학한 지 35년의 세월이 흘렀습니다. 힘들고 어려운 날들이 정말 많았습니다. 그런데 그 사이에 저는 꿈꾸었던 대로 노래하는 사람이 되었고, 부족하지만 세계를 다니면서 하나님을 찬양하고, 제가 상상도 할 수 없는 자리에 서게 되고, 꿈에도 생각하지 못한 사역들을 감당하면서 여기까지 오게 되었습니다.

저는 생각해봅니다.

'내가 어쩌다 이래 됐는가? 내가 머리가 좋았던가? 재능이 뛰어났던가? 내가 정말 공부를 열심히 했던가?'

저는 그런 것 때문이라고 생각하지 않습니다. 제가 여기까지 오게 된 첫 번째 이유를 말하라 하면 저는 주저함 없이, 가난하고 초라했지만 저를 위해 자신들의 인생의 온갖 고난과 아픔과 부끄러움과 수모를 다 감수하면서 가진 전부를 아들을 위해 기꺼이 송두리째 다 내어주었던 좋은 어머니와 아버지를 만났기 때문입니다.

"절대로 포기하지 마라!"

서울에 올라왔습니다. 한 번 빠져든 가난의 늪을 빠져나오는 일은 정말로 어려운 일이었습니다. 부모님의 고생은 점점 더해갔습니다.

빚이 줄기는커녕, 이자만 늘어갔습니다. 아들이 서울 올라가니 돈이 더 듭니다. 옛날에는 부모님만 고생한 게 아니었습니다. 식구들의 고생은 극에 달했습니다. 공부 잘하던 누님은 공부를 계속할 수 없었습니다.

저도 마찬가지입니다. 아버지한테는 돈 벌어서 공부한다고 했지만 돈 벌어서 공부하는 일이 만만하지 않았습니다. 이를 악물고 공부하는 시간을 제외하고 틈만 나면 일했습니다. 어떤 때는 새벽에 서울 길도 잘 모르는데 신문 배달하고, 우유 배달도 해보고, 별의 별 일을 다 해봤지만 돈을 많이 벌 수는 없었습니다.

그렇게 이를 악물고 살아가던 대학교 2학년의 끝 무렵, 부산에서 전보가 한 장 날아왔습니다. 하늘이 무너지는 소식이었습니다. 아버지가 쓰러지셨습니다. 의사 선생님을 만났더니 마지막 준비를 하라는 것입니다. 아버지는 몸이 안 좋은 걸 알고 계셨습니다. 그런데 지금 병원에 들어가면 아들 공부를 못 시킨다고, 너무나 무모하게 밤낮없이 일하시다가 마침내 손 써볼 수 없게 되어 결국 쓰러지신 것입니다.

아버지는 며칠 동안 죽음의 고통과 사투를 벌이시다가 자식들이 부르는 찬송 속에 1월 4일 새벽, 세상을 떠나 천국에 가셨습니다. 모든 무거운 짐이 엄마에게 나 시워졌습니다. 우리 가족들의 고생은 극에 달해갔습니다.

하루에도 몇 번이나 노래를 그만둘까를 고민했습니다. 숨이 탁탁 막혀 왔습니다. 제 동기들은 전부 다 졸업하면 유학 간다고 난리인데, 저는 당장 다음 달 생활비가 걱정이었습니다. 다음 학기 등록금이 없었습니다. 그러나 그럴 때마다, 아버지가 쑥 들어간 눈빛으로 병상에서 제게 해주시던 말씀이 떠올랐습니다.

"절대로 포기하지 마라. 우리 하나님이 내 아들을 지켜주실 것이다."

이를 악물고 살았습니다.

하나님, 저 좀 도와주세요!

그러던 어느 날, 저에게 좋은 일이 생겼습니다. 제가 여의도에 있는 교회를 다녔는데, 어느 집사님이 여의도 어느 아파트에 아이가 셋 있는 가정에서 가정교사를 찾는데 혹시 가정교사 할 수 있느냐는 겁니다. 조건이 너무 좋았습니다. 먹여주고 재워주고 돈을 주는데, 그 돈 받으면 엄마한테도 좀 보낼 수 있었습니다. 들어갔습니다. 몇 년 살았습니다. 죽는 줄 알았습니다.

저는 예능계 시험을 치렀기 때문에 이과의 수학2는 하지 않았습니다. 그런데 그 집의 고등학생 둘이 이과인 것입니다. 저는 모른다고 할 수 없었습니다. 모르면 그 집에 못 들어갑니다. 돈을 포기해야 됩니다. 그 집에 들어가서 하루에 네 시간 이상 자 본적이 별로 없었습니다.

그러던 어느 날, 교회를 안 다니는 그 집 식구들에게 전도를 했습니다. 전도가 만만치 않습니다. 그런데 그 식구들이 저를 좀 좋아해서 그랬는지 "그럴까?" 하더니 저를 따라 나오기 시작했습니다. 그런데 보통 교회를 처음 나오면 주일 낮에만 나오지 않습니까? 이 식구들은 저녁예배에도 나오고 수요일에도 나오고, 심지어 아주머니는 새벽기도까지 나가겠다고 잠이 부족한 저를 깨웠습니다. 그렇게 새벽기도 가서 많이 울며 기도했습니다.

"하나님, 저 좀 도와주십시오. 저도 대학원 가고 유학도 가고 싶습니다. 그런데 길이 안 보입니다. 저를 밀어줄 아버지가 안 계십니다. 우리 엄마가 저 영도 촌구석에서 이 아들 바라보고 새벽마다 울고 계십니다. 하나님, 저 좀 도와주세요."

새벽마다 그렇게 절절하게 매달렸는데도 전혀 도와주시는 느낌이 없었습니다. 여전히 힘들고 어려웠습니다. 그러던 어느 날, 목사님의 설교가 끝나고 불을 끄고 각자 기도하는 시간이 됐는데, 그날 아침에는 기도가 영 안 되는 겁니다. 이상한 생각 하나가 내 머릿속에 들어왔습니다. 하나님이 그날 아침 저에게 이렇게 시비를 거시는 것 같았습니다.

"안민아, 너는 맨날 기도할 때마다 뭐 이렇게 불만이 많고, 달라는 게 그리 많냐? 네가 먼저 네가 가진 것을 내놓아봐라. 그래야 내가 밀어주든지 당겨주든지 할 것 아니냐?"

제 한 쪽 마음에 열불이 확 터지는 것 같았습니다.

"하나님, 저한테 뭐가 있어야 내놓을 기 아닙니까? 뭐 줘놓고 내놓으라고 해야지, 아무것도 없는 저한테 뭘 내놓으라 하십니까?"

화가 나서 집에 가버렸습니다. 그런데 그날부터 기도가 안 되는 겁니다. 눈만 감으면 "내놓아봐라"는 소리가 들리는데, 열흘이 가고 두 달이 가는데 예배 때 설교에 집중도 못할 지경이었습니다. 머릿속이 너무나 복잡했습니다.

그러던 어느 날 새벽, 드디어 폭발해버렸습니다. 이제는 기도해봐야 응답도 없는데 뭐 하러 새벽기도 나가나 싶어서 교회 갈 마음이 사라졌습니다. 그런데 아주머니가 영락없이 4시 40분에 저를 또 깨우는 겁니다. 오늘부터 안 간다고, 아주머니나 가시라고 했더니 이 아줌마가 문을 열고 들어오는 겁니다. 이불을 확 젖히더니 팬티차림으로 자고 있는 저를 깨웠습니다.

"안 선생이 나 교회 가자고 그랬지? 안 선생이 하나님 살아 계시다고 했잖아? 그러면 이러면 안 되는 거 아니야?"

내가 전도한 아주머니한테 끌려갔습니다. 완전히 거꾸로 되었습니다. 죽을 맛이었습니다. 그날 설교도 귀에 안 들어오고, 기도는 더 안 됐습니다. 스무 살 나이에 세상 어디에도 의지할 데 없고, 갈 길도 없이, 아들 하나 있는 엄마는 죽을 고생하는데 노래 부르고 있는 제 모습이 너무나 기가 찼습니다. 서러움에 눈물만 터지려고 하는데 설교시간이라 이를 악다물고 있었습니다.

내가 내놓을 수 있는 것

설교가 끝났습니다. 각자 기도하라고 합니다. 그 순간, 저도 모르게 한숨처럼, 어린아이가 엄마를 기다리다가 엄마를 부를 때처럼 서러움에 북받쳐 그냥 "하나님!" 하고 입을 열었는데, 그것이 신호탄이었습니다. 통곡이 터지는데, 저는 아버지 돌아가실 때도 그렇게 울지는 않앉습니다. 주변에 있던 권사님들이 "안 선생, 왜 그래? 무슨 일이야?" 하면서 아무리 달래도 막아지지 않았습니다. 그날 아침 저는 제 인생 스무 살에 세상에 아무 데도 갈 길이 없어 그렇게 울었습니다. 신앙이 없었던 것도 아니었는데, 절망 속에 절절하게 울었습니다.

한참 울고 나니 사람들은 다 간 것 같았습니다. 제 마음이 좀 안정이 됐습니다. 일어나서 예배당 문을 나서려고 하는데, 제 머릿속에 갑자기 지난 몇 달 동안 아무리 생각해도 떠오르지 않던 '내가 내놓을 수 있는 것'이 생각났습니다. 그것은 저의 노래였습니다. 노래로 전도하고, 나이 들고 병들어 교회도 나오지 못하는 권사님들을 찾아가 찬송 불러드리면 좋아하실 것 같았습니다.

저는 그때부터 지금 제 아내가 된 연인과 함께, 노래 봉사와 전도를 하러 다니기 시작했습니다. 아내는 음대 동기동창입니다.

제가 대학 다닐 때 주일에 점심을 먹어본 적이 없습니다. 교회가 여의도 상가에 있어서 밥을 못 해줬습니다. 주일이면 새벽기도부터 가서 빵 하나 얻어먹고 우유 한 잔 마시며 하루 종일 교회에서 살았습니다. 주일 오후에는 기타 하나 들고 여의도쇼핑센터 앞에서 노방전도를 했습니다.

돌이켜보면 지금 제 가슴에 있는 뜨거움, 열정, 눈물, 감격, 헌신 같은 것들은 가난하던 그 시절에 하나님이 그 역경을 이기도록 저에게 선물로 주신 것이라고 믿습니다. 불꽃처럼 살았습니다.

교회에 아픈 사람만 생기면 찾아가 찬송을 불러드렸습니다. 그러면 아픈 분들이 많은 위로를 받으시는 것 같았습니다. 저의 작은 노래가 그들의 마음을 만지기 시작했습니다. 하루는 말기 암으로 돌아가실 분이 아직 예수님을 안 믿는다고 해서 찾아갔습니다. 그런데 이상하게도, 제가 가서 별 말도 안 하고 찬송 불러드리고 예수 믿으시라고 한 마디 했을 뿐인데, 목사님이 찾아가도 물벼락으로 문전박대하고 지독하게 거부하던 분이 예수를 믿겠다고 했습니다. 그 분이 예수님을 믿고 세례 받고 나흘을 더 살았는데, 그 나흘 동안 집안의 친척들, 술친구, 담배 친구, 도박 친구 다 불러놓고 불꽃처럼 복음을 전하고 가셨습니다. 저는 예수 믿는다는 게 정말 얼마나 놀라운 일인가를 그때 경험했습니다.

내가 찾아가서 전해주지 않으면

그 분의 장례식과 장지까지 따라갔다가 여의도로 돌아오는데 제 마음에 기쁨이 넘쳤습니다. 하나님이 이렇게 말씀하시는 것 같았습니다.

"민아, 너 대단하다. 목사님도 안 되고, 누가 해도 전도가 안 되던데, 그 집에 가서 노래해서 전도했네. 너 노래 진짜 잘하는가 보다."

하나님의 칭찬을 듣고 가슴 뿌듯하고 기분 좋게 여의도를 들어서는데, 제 머릿속에 또 한 가지 생각이 떠올랐습니다.

'그래, 세상에는 우리 교회 말고도 내가 찾아가서 전해주지 않으면 다시는 이 생명의 복음을 들을 수 없는 가장 불행한 사람들이 어디엔가 있을 것이다. 내가 가서 불러주지 않으면 이런 노래를 들을 수 없는, 그런 사람들이 과연 누구일까?'

생각하는데, 한센병 환자들이 떠올랐습니다. 제가 어린 시절에는 동네에 깡통 들고 밥 얻으러 다니는 사람들이 많았습니다. 그런데 어떤 사람이 나타나자 동네 어르신이 돌을 던지며 쫓아내는 것이었습니다. 커서 알고 보니 그는 한센병 환자였습니다. 살이 무너지는 병입니다. 전염병이라고 생각해서 동네에 들어오지 못하게 쫓아냈던 것입니다.

'그래, 이 세상에서 제일 불쌍한 사람은 다시는 고향에 돌아올 수 없고 가족과 살 수 없게 된 한센병 환자들이다. 그들을 찾아가자.'

서울 인사동의 카페를 빌려서 음악회를 열었습니다. 그 수익금으로 지금의 아내와 함께 교회 봉고차를 빌려 타고 일주일간 전국의 나환자촌을 다니기 시작했습니다. 살 썩는 냄새에 숨을 쉬지 못했지만, 가는 곳마다 하나님께서 그들을 만지시는데, 상상도 할 수 없는 은혜를 주셨습니다. 가는 곳마다 눈물바다를 만드셨습니다.

그날 이후 저는 나환자촌, 고아원, 양로원, 교도소, 군부대, 소년원을 가리지 않고 전국을 누비기 시작했습니다. 그리고 6년 쯤 지났습니다. 기적처럼 대학을 졸업하고 대학원에 들어갔습니다. 그리고 1981년 어느 날, 부산 고신대학에서 교수로 오라고 했습니다. 제가 대학교 3학년 때 노래하는 걸 학장님이 우연히 보셨던 모양인데, 제 노래에 감동을 받으셨고 저를 기억하고 계셨습니다. 그때만 해도 학교에 공채 같은 게 없을 때였습니다. 유학 간 사람은 있었지만 갔다 온 사람은 많지 않을 때였습니다.

대학원 공부를 마치고 교수가 됐습니다. 그러나 가난은 끝도 없이 계속될 것 같았습니다. 장가 갈 때 돈이 없어서 융자 내서 결혼했습니다. 빛이 사라지지 않았습니다. 그런데 학교에서 유학 갔다 오라고 합니다. '돈이 있어야 가지' 생각하는데 학교에서는 월급 주고 학비도 줄 테니, 대신 기간을 줄여서 빨리 다녀오라고 합니다. 어쩌겠습니까? 절호의 기회에 어머니 생활비 마련해놓고 이태리 로마에 가서 공부를 하고 돌아왔습니다.

돌아와도 여전히 가난하고 어려웠습니다. 그래도 틈만 나면 교도소로, 양로원으로, 고아원으로 돌아다녔습니다. 이상한 것은 내가 가난해서 그런지 가난한 아이들이 우리 학교에 많이 들어왔습니다. 저는 그런 아이들을 가르치면서 같이 노래하러 돌아다녔습니다. 가는 곳마다 말은 잘 할 줄 모르지만 예수님도 전했습니다.

그런데 어느 날부터 이상한 일이 일어나기 시작했습니다. 학교에서 조금씩 제 위치가 달라지기 시작했습니다. 아이들 가르치는 교수 사역이 점점 왕성해지기 시작했습니다. 소문이 났는지 마산, 여수, 광주, 대구, 대전에서 부르더니 나중에는 서울에서도 부릅니다. 제 삶의 상황이 달라지기 시작했습니다.

1988년에는 미국에서 비행기표 두 장과 초청장이 날아왔습니다. 아내와 저 둘이서 3주 동안 융숭한 대접을 받고 꿈처럼 미국을 다녀왔습니다. 여기저기서 오라는 요청이 쇄도하기 시작하는데 감당할 수가 없었습니다. 부산경남 지역의 장애우들을 위한 사역에 부름을 받기도 했습니다. 꿈에도 생각하지 못하던 일들이 제 앞에 일어나기 시작했습니다.

희망의 노래를 들려주고 싶습니다

저는 처음 음악을 시작할 때 파바로티처럼 노래 잘하고 유명해지기를 기도했습니다. 하지만 곧 깨달았습니다. 나는 파바로티는 되지 못한다는 사실을. 그래서 기도를 바꾸었습니다.

"하나님, 파바로티는 자기를 찾아오는 수많은 사람들에게 노래를 불러주지만, 저는 제가 찾아가서 만나주지 않으면 노래를 절대 들을 수 없는 사람들을 찾아가겠습니다. 제가 공연 횟수만큼은 파바로티보다 더 많아지고 싶습니다. 도무지 노래를 들을 수 없는 사람들에게 희망의 노래를 들려주고 싶습니다."

그랬는데 어느 날부터인가 하나님은 제가 감당도 할 수 없도록, 제 앞에 수많은 사람들을 보여주셨습니다. 4년 동안 고신대학교의 부총장으로 일하게 하시는 동안 아프리카의 유학생들을 섬기게 해주셨습니다. 저는 경영학을 공부해본 적이 없습니다. 그런데 기업체에서 오라고 합니다. 왜 그런가 했더니, 제가 하는 이야기 속에 기업들의 새로운 성공 비결이 숨어 있다는 것입니다. 세계의 정상에 선 의미 있는 기업들은 돈을 따라간 것이 아니라 의미 있는 일을 먼저 따라가다 보니까 어느 날 돈이 따라오더라는 사례가 많습니다. 그런데 제 삶의 이야기들이 바로 기업에게 필요한 그런 이야기라는 것입니다.

학교들이 부릅니다. 군대에서 부릅니다. 중고등학교에서도 오라고 합니다. 기독교학교에서 오라는 건 이해할 수 있습니다. 그런데 공립학교에서 초청합니다. 심지어 불교재단 학교에서도 부릅니다.

저는 중고등학교에 갈 때마다 공부에 지치고 힘든 아이들을 위로합니다. 꿈과 희망을 잃어버린 청소년들에게 제가 품었던 꿈 이야기를 들려줍니다. 가는 곳마다 아이들에게 '절대로 자살하면 안 된다. 아무리 길이 보이지 않더라도 포기하면 안 된다, 절대로 좌절하지 말라'고 말합니다.

"얘들아, 나는 스무 살에 좌절했고 너무 힘들어 죽음까지 생각했다. 세상에 어디에도 갈 길이 없어 새벽부터 울고 있었다. 그런데 그 새벽에 예수님이 내 인생에 찾아오셔서 말씀하셨다. 울지 마라. 너는 가난하지 않다. 내가 너와 함께하겠다!"

중요한 걸 붙잡으면 모든 것이 해결된다

저는 하나님이 제게 주신 노래가 힘이 될 줄은 몰랐습니다. 저는 노래라는 게 이렇게 다양하게 쓰일 수 있는지 몰랐습니다. 주님이 우리를 이 땅에 보내시면서 아무것도 안 주고 보낸 사람은 아무도 없다는 걸 알게 되었습니다. 제게는 그것이 노래였습니다. 주님은 그것을 다시 내놓으라고 말씀하셨습니다.

그래서 저는 저의 노래를, 젊음을, 열정을, 그리고 부지런함이라는 작은 보리떡 같고 누더기 같은 것들을 내놓았습니다. 그것들을 세상의 누구도 거들떠보지 않는 연약한 사람들에게 나눠주기 시작했습니다. 그런데 그것이 제 인생을 바꾸어놓았습니다.

성경은 말합니다. 정말 중요한 걸 붙잡으면 모든 것이 해결된다고 말입니다. 마태복음 6장 33절입니다.

"너희는 먼저 그의 나라와 그의 의를 구하라 그리하면 이 모든 것을 너희에게 더하시리라."

진정 중요한 것을 붙잡으면 나머지는 따라오는 것입니다.

저는 이 시대 그리스도인들이 영적으로 너무나 어려운 이 시대를 먹이는 위대한 사람들이 되기를 바랍니다. 먼저 주님을 만나시고, 그 주님 앞에 작은 보리떡 같은 자신을 내어놓음으로 하나님의 기적을 담는, 위대한 사람으로 살아가시기를 축복합니다.

세상에서 예수 편들고 살기

거듭나야 할 이유

CHAPTER 7

주명수

밝은교회 담임목사. 법무법인 CHL 구성원 변호사. 사법연수원 신우회 지도목사. 한남대학교와 사업연수원 겸임교수(역임), 미국 Southwestern Baptist Seminary(M.Div.)와 Southern Methodist University Law School(LL.M) 졸업.

저는 청년대학생과 고등학생은 물론 초등학생에게까지 복음을 전하는 행복한 복음 전도자입니다. 제가 사랑하는 청소년과 청년들에게 니고데모라는 사람을 소개하고 싶습니다.

니고데모는 유대인으로서 율법을 잘 알고 지킨다는 바리새인입니다. 바리새인은 율법에 대해 정통(精通)하다고 자부하기 때문에 하나님에 대해서도 잘 안다고 생각합니다.

니고데모는 지식인이며 가르치는 교사이기도 합니다. 그는 또한 산헤드린(Sanhedrin)이라는 공회(公會)의 회원입니다. 산헤드린은 로마 통치시대 예루살렘에 있던 유대인들의 최고자치기관입니다. 제사장과 바리새파의 법률학자 등으로 구성되어 있어서 주로 종교적인 문제를 다루었습니다. 하지만 유대인의 삶이 대부분 율법에 의한 종교생활이라고 볼 때, 산헤드린은 사실상 당시 이스라엘 사람들에게는 최고 의결기관이라고 볼 수 있습니다. 그러니까 지금의 우리나라로 치자면 니고데모는 최종 법률심의기관인 대법원의 대법관쯤 되는 사람입니다. 제 직업이 목사이고 변호사인데, 니고데모도 저처럼 종교인이자 법조인이었던 것 같습니다.

어쨌든 니고데모는 그 당시의 관점으로 볼 때 종교인으로서 도덕적으로 흠이 없고 나름대로 경건한 사람이었습니다. 또한 지식인이자 권력을 가진 사람으로서 예루살렘이라는 중심 도시에 살았습니다.

거듭나라, 예수를 믿으라!

이런 니고데모가 하루는 예수님을 찾아왔습니다. 그가 예수님을 찾아온 동기는 무엇이었을까요? 바리새인으로서 하나님에 대해 알고 있던 그의 모든 지식이, 예수님을 알게 되자 아무런 능력이 아니라는 사실을 깨닫게 된 것 같습니다. 그래서 예수님을 한번 만나보아야 하겠는데 대낮에 갈 수는 없었습니다. 성경에 보면 밤중에 갔다고 합니다. 신분이 그런지라 드러내놓고 예수님의 제자가 될 수는 없고, 또 괜히 잘못했다가는 산헤드린에서 쫓겨날까봐 밤중에 예수님을 찾아간 것입니다.

"그가 밤에 예수께 와서 이르되 랍비여 우리가 당신은 하나님께로부터 오신 선생인 줄 아나이다 하나님이 함께하시지 아니하시면 당신이 행하시는 이 표적을 아무도 할 수 없음이니이다"(요 3:2).

니고데모는 정직한 사람 같습니다. 다른 바리새인들은 예수님이 행한 기적이 하나님으로부터 온 것이라고 인정하지 않았는데 니고데모는 하나님으로부터 온 것이라고 인정하고 예수님을 추켜세웠습니다.

사람을 추켜세워줄 줄도 아는 예의 바른 사람입니다.

다른 바리새인과 달리 예수님을 인정해주니 예수님의 기분이 좋으셨을 겁니다. 그런데 예수님은 니고데모에게 뜻밖의 말로 한 수 가르쳐주십니다.

"예수께서 대답하여 이르시되 진실로 진실로 네게 이르노니 사람이 거듭나지 아니하면 하나님의 나라를 볼 수 없느니라"(요 3:3).

예수님은 니고데모에게 "거듭나야 한다"고 말하십니다. "니고데모 씨, 내가 하나님으로부터 온 사실을 알아봐주시니 감사합니다. 그런데 하지만…" 하는 식의 인사치레도 하지 않으셨습니다. 그냥 단도직입적으로 들어갑니다. 아주 날카로운 칼날로 내리치는 것 같습니다.

예수님은 니고데모가 왜 찾아 왔는지를 아셨습니다. 그에게 무엇이 부족하고, 그가 무엇을 갈급해하는지를 아신 겁니다. 그래서 "거듭나야 되겠다"고 예리하게 내리치셨습니다. "네가 가진 지식으로는 안 된다. 하나님의 성령으로 말미암아 초자연적인 권능으로 위로부터 거듭나야 한다"라고 말씀하신 겁니다. 그러나 니고데모는 예수님의 말씀을 이해하지 못했습니다.

"도대체 제 지식으로는 이해가 안 되는데요, 거듭난다는 건 뭡니까? 어머니 배속에라도 다시 들어갔다가 나와야 될까요?"(요 3:4, 필자 의역).

이 정도로 이해를 하지 못한 사람이 니고데모입니다. 그래서 예수님께서 다시 설명해주십니다. 거듭난다는 것은 영이 거듭나는 것이라고 말입니다.

그 유명한 요한복음 3장 16절이 사실은 니고데모와의 대화 가운데 연장선상에서 나온 말씀입니다. 예수님이 몇 만 명을 앞에 두고 하신 연설이 아닙니다. 니고데모, 단 한 사람에게 하신 말씀입니다.

"하나님이 세상을 이처럼 사랑하사 독생자를 주셨으니 이는 그를 믿는 자마다 멸망하지 않고 영생을 얻게 하려 하심이라"(요 3:16).

결론적으로 말하면, 거듭나라는 말은 결국 예수님을 믿으라는 뜻으로 하신 말씀이기도 합니다.

예수 안 믿고도 교회 다니기

제가 예수님을 조금 늦게 믿었습니다. 대학교 3학년 때 휴학하고 군대에 갔다가 제대하고 4학년으로 복학해서 교회라는 데를 처음 갔습니다. 법과대학에서 사법시험을 치를 준비를 하는 사람이었지만 교회에서는 아무것도 모르는 완전 무식이었습니다. 죄가 뭔지도 몰랐으니까요. 그런데 교회 나가자마자 목사님에게 들은 말이, 제가 죄인임을 고백하라는 것이었습니다. 그 말이 저를 화나게 했습니다.

'나는 나중에 죄인을 다스릴 검사가 될 사람인데, 교회 처음 나온 사람한테 죄인임을 고백하라니, 목사님은 죄가 무엇인지도 모르는 무식한 사람인가?'

하지만 죄가 무엇인지 모르는 진짜 무식한 사람은 바로 저였습니다.

교회 다니면서 목사님에게 배운 것이 많았습니다. 예를 들면, 기도는 왜, 어떻게 해야 한다는 것 등이었습니다. 그래서 기도했습니다. 무엇보다 사법고시 합격하게 해달라고 기도 많이 했습니다.

그런데 그렇게 교회를 다니다 1년 반쯤 지나서 깨달은 사실이 있었습니다. 제게는 사법고시 합격보다 더 급한 기도제목이 있다는 것이었습니다. 그 기도제목이란, 제가 예수님이 믿어지지 않는다는 문제였습니다. 교회는 다니는데 예수님이 믿어지지 않는 겁니다. 그럴 수 있느냐고요? 얼마든지 그럴 수 있습니다. 예수님이 믿어지지 않는 상태에서도 평생 교회 다닐 수 있습니다. 이것은 무서운 말입니다.

교회는 나오지만 예수님이 믿어지지 않는 교인들이 얼마나 많은지 모릅니다. 저도 1년 넘도록 교회 다녔지만 예수님이 믿어지지 않았습니다. 결국 그 사실을 인정하고 예수님 앞에 무릎을 꿇었습니다. 성령으로 말미암아 거듭나야 한다는 말씀 앞에 굴복한 것입니다. 그러자 예수님이 믿어지기 시작했습니다.

당신에게도 혹시 저와 같은 경험이 있지 않았습니까? 그냥 교회만 다니지 마십시오. 당신이 만약 모태신앙이라면, 당신의 어머니의 예수님이 아닌, 당신의 아버지의 예수님이 아닌 당신의 예수님을 만나야 합니다. 그러나 아직 예수님을 개인의 구세주요 주님으로 만나지 못했고, 예수님이 마음속에 살아 계신 것을 확신하지 못한다면, 당신도 거듭나야 합니다. 예수님을 믿어야 하는 것입니다.

니고데모는 거듭났을까?

그런데 니고데모는 결국 거듭났을까요? 니고데모는 9절을 끝으로

요한복음 3장에서는 더 이상 등장하지 않습니다. 예수님이 니고데모의 질문에 대답하시다가, 하고 싶은 말씀을 계속 이어서 하신 기록뿐입니다. 이것은 사실 니고데모의 이야기가 아니라 예수님의 이야기이기 때문입니다.

제 생각에 니고데모는 당연히 예수님을 믿고 거듭났습니다. 예수님께서 독대하는 사람에게 직접 말씀하신 것인데, 하나님의 말씀이 나가서 그냥 헛되이 돌아올 수 있습니까? 니고데모는 당연히 예수님을 믿고 거듭났을 겁니다.

니고데모가 거듭났다는 증거들이 요한복음에 있습니다. 니고데모는 요한복음에서 두 번 더 등장합니다. 첫 번째는 요한복음 7장 45절에서 53절 사이입니다. 니고데모가 대제사장들과 바리새인들이 예수를 고소하는 자리에서 상식적인 율법의 예를 들어 간접적으로 예수를 변호하는 모습을 보여줍니다. 이것은 말하자면 직무 중에 간접적으로 거듭난 믿음을 드러낸 것이라고 할 수 있습니다.

니고데모는 산헤드린의 회원으로서 재판관이라고 했습니다. 니고데모가 가 있던 자리는 원래 예수를 잡아와서 최종심의 재판을 하려고 모인 곳이었습니다. 그런데 대제사장과 바리새인들이 보낸 사람들이 예수님이 하시는 말씀을 듣고서, 예수님을 잡아올 수 없었다고 변명합니다. 예수님처럼 말한 사람이 없었기 때문입니다. 그러자 모든 바리새인들이 흥분하며 예수 그리스도가 죄인이라고 주장합니다. 예수를 잡아들여야 한다는 주장이 분위기를 지배했습니다. 그런 분위기에서 유일하게 소수 의견을 낸 사람이 있었습니다. 그 사람이 누군지 아십니까? 바로 니고데모입니다.

"우리 율법은 사람의 말을 듣고 그 행한 것을 알기 전에 심판하느냐?"(요 7:51).

니고데모는 그 자리에서 공개적으로 예수를 믿는다고 말하지는 않았습니다. 그래서 다른 사람들은 그가 예수 믿는 것을 알지 못했을 것입니다. 그저 소수 의견으로, 율법의 가르침까지 무시하는 바리새인들의 문제를 지적했을 뿐입니다. 그 결과 갈릴리에서는 선지자가 나오지 않는다는 궁색한 변명이 나오기는 했지만, 결국 다 각각 집으로 돌아가고 맙니다. 니고데모가 직무 중에 내놓은 소수 의견이 예수님을 잡아들이려는 바리새인들의 시도를 무력화시킨 셈입니다.

이 말씀을 볼 때, 니고데모는 예수님을 만나고 돌아가서 다시 재판관의 일을 했던 것으로 보입니다. 처음부터 예수를 믿는다고 공개했다면 그 사회에서 벌써 쫓겨났을지도 모릅니다. 이런 사람을 숨겨진 제자라고 부를 수 있습니다. 아직 예수를 정확히 믿는 것은 아니지만, 그의 직무를 통해 예수 그리스도를 보호하기 위한 소수 의견을 내는 사람이 된 것입니다.

저는 오늘도 니고데모와 같이 숨겨진 제자들이 필요하다고 생각합니다. 예수 믿는다는 사실을 숨겨서는 안 되겠지만, 때로는 니고데모가 했던 것처럼 직장에서 자신의 전문적인 직무를 이용해, 간접적으로 예수 그리스도를 변증할 필요가 있습니다. 그러자면 니고데모처럼 전문성이 있어야 합니다. 니고데모는 율법 지식을 이용해 율법을 추종하는 바리새인들의 흥분을 가라앉히지 않았습니까?

예수를 믿지 않는 세상의 사람들은 우리가 예수를 어느 정도 믿는지, 어떤 교회를 어떻게 다니는지에 대해서는 별 관심이 없습니다. 그들이 먼저 관심을 보이는 것은 우리의 행동입니다. 직장인은 물론이고 학교를 다니는 학생들도 마찬가지입니다. 당신의 주변 사람들은 당신의 행동을 먼저 볼 것입니다. 함께 일하는 직장에서 당신의 전문성을 먼저 볼 것입니다. 학교에서 공부하는 당신의 노력과 태도를 먼저 볼 것입니다. 그러므로 우리의 행동이 우선 중요합니다. 말로써 예수를 증거하고 신임을 얻는 것은 어쩌면 그 다음일 수 있습니다. 물론 공개적으로도 예수를 전해야 하겠지만, 저는 오늘날에도 이렇게 숨겨진 제자들이 많이 나와야 한다고 생각합니다.

헬스클럽에서 전도하기

저는 2010년에 교회에서 안식년을 가졌습니다. 돌아만 다녔더니 고갈이 되는 것을 느꼈습니다. 교회를 쉬면서 제가 깨달은 것이 한 가지 있습니다. 그동안 살아오면서 제가 너무나 목사인 척했다는 사실입니다. 목사는 주로 믿는 사람들이 있는 장소에만 가게 됩니다. 어디를 가든 예수를 믿는 사람들뿐입니다. 도무지 전도할 기회가 생기지 않습니다. 게다가 믿지 않는 사람들 앞에서 목사인 척하면 전도하기가 더 어렵습니다. 그래서 쉬는 동안에는 가능한 목사인 척을 하지 않으려고 했습니다.

쉬는 동안 헬스클럽을 다녔습니다. 하루에 거의 두 시간씩 운동하면서 열심히 몸을 가꾸었습니다. 당신의 신앙이 좋아지기를 원하십니까? 그렇다면 우선 몸부터 건강해지도록 가꾸십시오. 몸을 가꾸는 것은 신앙과 직결된다고 생각합니다.

50대 중반인 제게 근력이 필요합니다. 헬스클럽 트레이너가 여러 가지 운동을 30분씩 나눠서 하도록 가르쳐주었습니다. 식스팩(six pack)이라고 하는 초콜릿 복근을 만들기 위해 복근운동을 합니다. 심장이 중요하니까 유산소 운동을 합니다. 유연성을 위해 스트레칭을 합니다. 이런 운동들을 잘 따라서 하면 땀이 흠뻑 납니다. 운동이 어렵지만 하고 나면 아주 좋습니다.

마지막에는 큰 대자로 바닥에 누워 쉬는 시간이 있습니다. 호흡하는 것입니다. 아무 생각도 하지 않고 그저 나의 심장이 뛰고 피가 흐르는 소리를 들어야 합니다. 그러면 내 세포 하나하나가 살아 있는 것을 느끼게 됩니다. '하나님이 주신 생명이 아니라면 내가 어떻게 살아갈 수 있는가?'라는 생각을 하게 되면 하나님의 은혜가 밀려옵니다. 운동을 하면서 은혜를 받는 것입니다.

그런데 헬스클럽에서는 제가 누구인지를 아무도 모릅니다. 제 직업이 목사이면서 동시에 변호사인 것을 아는 사람은 없습니다. 더구나 낮 시간에는 주로 20,30대가 많고 50대는 저 혼자입니다. 젊은 사람들이 아무렇게나 부를 수 없으니까 제게 별명을 하나 붙여주었습니다. '아버님'이라고.

나이가 그들의 아버지처럼 많은 사람이 가장 열심히 운동을 하니까 격려를 많이 해주었습니다. 트레이너들이 젊은 사람들에게 이렇게 말하곤 했습니다.

"너희들 말이야, 이 아버님처럼만 해봐! 아버님은 폼이 딱 나오시잖아."

사실 제가 운동할 때 무슨 폼이 나왔겠습니까? 그래도 칭찬이 듣기는 좋아서 더 잘하려고 열심히 운동을 했습니다.

하루는 저를 가르치던 트레이너가 다른 곳으로 옮겨가게 되었습니다. 그는 제가 누구인지 여전히 몰랐습니다. 제가 목사인 척을 하지 않고 그저 운동만 열심히 했으니까요. 어쨌든 그가 열심히 잘 가르쳐주었기 때문에 떠나는 그에게 선물을 줘야겠다는 마음이 들었습니다. 무엇을 줄까 생각하다가 제 설교가 녹음된 시디에 사인을 해서 주었습니다. 시디에는 '주명수 목사, 변호사'라고 썼습니다.

"저를 잘 가르쳐주셔서 감사합니다. 이것은 제가 드리는 선물입니다."

트레이너가 선물을 받아보더니 "주명수 목사가 누구입니까?" 하고 물었습니다. "바로 접니다"라고 답했습니다. 트레이너가 놀라더니 이렇게 말했습니다.

"아, 그럼 제가 그동안 목사님을 가르친 거예요? 시디는 꼭 들어볼게요."

믿지 않는 사람을 만나 전도하려면

저는 CBMC라고 하는 기독실업인모임의 지도목사로서 일주일에

한 번씩 방문해 말씀을 전하고 있습니다. 비즈니스맨들이 일터에서 예수님을 어떻게 믿고 드러낼 수 있을까를 고민하고 기도하는 모임입니다. 이 모임에는 안식년 기간 중에도 찾아가서 말씀을 전했습니다.

"요즘 제가 안식년으로 쉬고 있습니다. 주일에도, 물론 예배는 드리지만, 그냥 집에서 쉽니다. 과자 옆에 두고 케이블 텔레비전 영화 채널에 나오는 멜 깁슨으로부터 리더십을 배울 때면, 정말 좋습니다."

설교 중에 이렇게 말했더니 어떤 분이 설교 후에 저를 찾아와 인사를 했습니다.

"오늘 목사님 말씀이 너무 신선해서 좋았습니다."

저는 처음엔 그 분이 제가 설교를 잘해서 그러는가 싶었습니다. 그런데 알고 보니 그는 그날 모임에 처음 나왔고 교회도 다니지 않았습니다. 그런 그가 제 설교가 좋았다는 이유가 좀 엉뚱했습니다.

"목사님도 교회 안 나갈 수 있다는 게 너무 위로가 되더군요."

그 분이 나중에 저를 꼭 만나고 싶다고 했습니다. 제 사무실을 찾아와 자기의 이야기를 들려주었습니다.

제가 듣기에 그리 심각해보이지는 않았지만, 50대 나이의 회사 사장이 자신의 인생 가운데 깊은 허무감을 느끼고 있었습니다. 눈물을 흘리기까지 해서 제가 티슈를 건네주며 한 마디를 건넸습니다.

"사장님, 하나님 만나셔야 되겠습니다."

그러자 그 분이 이렇게 말했습니다.

"예, 목사님, 언젠가는 교회에 나가겠습니다. 하지만 지금 당장은 힘들겠고요, 대신 CBMC 모임에는 매주 나가겠습니다."

예수님 편에 서는 드러난 제자

니고데모는 요한복음 19장 39절에서 다시 등장합니다. 예수님께서 십자가에 못 박혀 죽으시고 관원들이 시체를 보관하고 있던 때입니다. 니고데모가 밤에 몰약과 침향 섞은 것을 가지고 옵니다. 그 향품은 예수님의 시체와 함께 세마포로 싸는 데 사용됩니다.

이번에는 직무 상황에서 한 행동이 아닙니다. 그의 직무는 율법을 따라 재판하는 것입니다. 직무를 벗어나 예수님의 장례를 치르는 일에 동참한 것입니다. 직무 가운데 전문성을 활용해 예수를 변증하는 것이 숨겨진 제자의 행동이라면, 이것은 드러난 제자의 모습입니다. 예수님의 시체를 모시겠다고 나섰기 때문입니다. 이제 니고데모가 예수 믿는 사람이라는 사실이 만천하에 알려지게 되었습니다.

그의 당시 신분은 오늘날로 말하면 공무원입니다. 예수가 죄인으로 몰려 십자가형을 당한 상황에서, 산헤드린 공회원이 예수를 믿는다는 사실이 알려지면 어떻게 되었을까요? 최소한 '거룩한 왕따'가 되었든지, 어쩌면 옷을 벗었을지도 모릅니다.

우리는 때로 예수님 편에 서기 위해 거룩한 바보가 될 수 있고 왕따가 될 수도 있습니다. 결정적인 순간에, 위험을 무릅쓰고 예수를 변증하기 때문에 손해를 볼 수도 있습니다. 거듭난 예수의 제자라면 그렇게 살 수도 있는 것입니다.

대법관의 신분을 가진 사람이 직위까지 내버릴 정도로 예수를 따를 가치가 있었을까요? 손해 볼 필요가 있었을까요? 있으니까 그렇게 했을 겁니다. 니고데모가 그런 사람이었습니다.

예수님을 믿어서 모든 일이 잘되고 지위가 높아지고 부자가 될 수도 있을 것입니다. 하지만 그것이 예수 믿는 이유의 전부일까요? 우리가 왜 예수님을 믿습니까? 예수님을 왜 따릅니까? 부자 되기 위해서? 높이 올라가기 위해서? 그런 것 때문이라면 일찌감치 다른 일을 찾아보는 것이 나을 겁니다.

우리가 예수님을 믿고 따르는 이유는 그런 것 때문이 아닙니다. 오히려 손해를 볼 수도 있습니다. 가난하게 살 수도 있는 것입니다. 단순하게 살아야 예수님을 철저하게 변증하는 사람이 될 수 있습니다. 하지만 이런 것을 가르치기가 굉장히 어렵습니다. 그런데 니고데모는 직무 외의 일을 하면서 손해를 감수했습니다. 그가 예수님을 만나고 거듭났기 때문입니다.

당신은 거듭났습니까? 예수님은 당신도 니고데모처럼 거듭나야 되겠다고 말씀하십니다. 그렇다면 거듭난 이후에 어떻게 살 것입니까? 처음에는 예수 믿는다는 사실을 드러내지 않더라도, 우선 당신의 삶속에서 전문성을 가지고 일하는 가운데 예수님을 변증하는 숨겨진 제자가 되십시오. 그리고 때로는 드러난 제자가 되어 예수님을 위해 손해를 보는 행동을 선택해야 한다면, 그렇게 하십시오. 그렇게 모든 모양으로 예수님을 변증하는 예수님의 제자로 살아가시기를 예수님의 이름으로 축원합니다.

복음의 다이너마이트가 되어라

땅끝에서 부르는 소리

CHAPTER **8**
이재환

온누리교회 Acts29 비전빌리지 원장. 미전도종족 선교를 위해 설립된 선교단체인 Come Mission의 대표. 전 감비아 선교사. 영국 WEC 선교사 훈련를 받고 서부아프리카선교부를 설립했다.

저는 만딩고 말을 배워서, 15년 동안 아프리카 감비아 만딩고 족에게 예수님을 증거하는 특권을 누렸습니다. 참 하나님의 은혜입니다. 제게 콧수염이 있어서 제 별명이 슈퍼마리오(super mario)입니다. 유명한 게임 캐릭터이지요. 그래서 많은 분들이 제가 좋아하는 음식이 버섯이라고만 생각하는데, 저는 버섯보다 하나님의 말씀을 훨씬 더 사랑합니다.

하나님은 저의 안과 밖을 완벽하게 땅끝 삶을 위해 만드시고 불러주셨습니다. 만딩고 말로 '마리오'라는 말이 주님이란 뜻입니다. 그러니까 제 별명은 영어와 만딩고 말로 위대하고 놀라우신 주님이라는 뜻이 됩니다. 그러니 얼마나 황송하고 감사합니까?

또, 많은 분들이 제가 도대체 수염을 왜 기르고 있는지 궁금해하십니다. 제가 일하던 감비아의 한 구석진 마을 시바놀은 세상과 별로 소통이 없는 곳이었습니다. 전기도, 전화도, 신문도, 텔레비전도 없습니다. 세상과의 유일한 소통수단은 본부와 무전 연락을 통하는 것뿐이었습니다. 그런 곳에 살았는데, 미장원이나 이발소가 어디 있었겠습니까? 면도를 자주 할 수 없었습니다. 그러다 보니 제가 턱수염까지 길러서 과거의 제 모습을 보면 꼭 산 도둑처럼 생겼습니다.

제가 사역하던 나라는 모슬렘 국가인데, 놀랍게도 모슬렘의 경전인 코란과 하디스라는 책에 이런 말이 있습니다.

"턱수염은 잘 보호할 것이요, 콧수염을 가진 사람은 존경할지니라."

그러니까 저는 그 마을에서 살아가기만 해도 선교가 되는 거지요. 제 인생에서 가장 행복한 시간이 제가 감비아에서 보낸 15년의 시간이었다고 생각합니다. 얼마나 감격스러웠는지 모르겠습니다.

성경 66권에 가득한 소명의 출처

감비아에 살 때 하루는 옆 마을에 사는 할아버지에게 전도했는데, 그 할아버지가 제게 이렇게 말했습니다.

"이재환 선교사님, 왜 이제 오셨습니까? 내가 태어났을 때는 다른 종교를 선택할 기회가 없었습니다. 당신이 너무 늦게 왔기 때문에 나는 이 종교(모슬렘)밖에 선택할 수 없었습니다."

참 마음이 아팠습니다. 기독교의 역사가 2천 년이라고 하는데, 그 오랜 세월 동안 많은 그리스도인들이 있었음에도 불구하고, 도대체 왜 한 명도 그들을 찾아가지 않았던 것일까요? 지금은 영국에서 비행기를 타면 감비아는 5시간 반이면 도착합니다. 그들은 그렇게 멀지 않은 곳에 살면서 왜 오지 않았을까요? 그러나 영국인들은 노예무역을 위해, 노예를 잡기 위해 일찍이 감비아 땅에 왔습니다.

감비아 사람들이 아침에 일어나서 하는 인사가 굉장히 깁니다.

"아버지가 집에 있느냐? 어머니가 집에 있느냐? 동생들이 집에 있느냐? 식구가 다 있느냐? 손님도 다 있느냐?"

한 사람도 빼놓지 않고 일일이 안부를 묻는 것입니다. 그 옛날, 아침에 일어나보면 노예 사냥꾼들에 의해 식구 중에 누군가 잡혀가고 없는 겁니다. 그러니 그런 인사가 습관화되었을 겁니다.

감비아는 알렉스 헤일리(Alex Palmer Haley, 1921~1992. 미국 소설가)의 유명한 소설,《뿌리》(Roots)의 배경이 된 곳으로 영화까지 만들어진 바로 그 나라입니다. 그럴 정도로 노예로 잡혀간 상처가 깊습니다.

누군가 가서 복음을 전하지 않으면 상처 많은 그들에게 이 복음이 들어가지 않는 것입니다. 이 대목에서 우리가 선교를 해야 할 이유를 어디에서 찾을 수 있을지 다시 생각해보면 좋겠습니다. 도대체 무엇이 우리를 선교하도록 부르는 것입니까? 선교하도록 만드는 소명이 어디에서 나옵니까?

소명에 대해서는 이미 성경에 다 쓰여 있습니다. 창세기에서 요한계시록까지 성경 66권 가운데 있습니다. "너희는 가서 모든 족속에게 복음을 전하라"는 말씀이 성경에 가득합니다. 새로운 소명의 근거가 필요가 없습니다. 그러므로 성경 66권에 기록된 소명의 말씀이 각자에게 다가가서 각각 사명을 느끼고, 그 길을 가야 된다는 하나님의 인도하심을 각자가 느끼는 것이 가능한 일입니다. 특별히 신비한 방법을 통해 선교사로서 소명을 발견하는 것이 아닙니다.

바울이 아시아로 가려고 했을 때 마게도냐의 환상을 보고 방향을 전환합니다. 그래서 유럽으로 갔습니다. 그것이 하나님의 소명을 받은 일일까요? 아닙니다. 그가 이미 선교사로 부름을 받아서 사역하고 있을 때 하나님의 특별한 인도하심을 받은 것입니다.

그리스도인이 되는 순간, 예수 그리스도를 구세주와 주님으로 받아들인 그 순간에 이미 선교라는 DNA를 가지게 되는 것입니다. 그러므로 소명은 모든 그리스도인에게 있는 것입니다. 특별한 사람에게만 선교의 은사가 있어서 부르심을 받는 것이 아닙니다.

우리나라의 5만 6천여 개 교회 가운데 약 15퍼센트가 적극적으로 선교를 한다는 통계가 있습니다. 그러면 나머지 교회들은 선교를 하지 않고 있다는 말일까요? 선교란 교회가 사역의 하나로서 선택해서 하는 것이 아닙니다. 교회는 그리스도인 개인과 마찬가지로 교회 자체가 선교라는 DNA를 품고 있는 것입니다. 선교를 향한 새로운 부르심이나 인도하심이 필요 없습니다.

선교는 교회의 특별한 일이 아닙니다. 선교를 할 때 교회가 교회 되는 것입니다. 선교할 때 비로소 그리스도인이 되는 겁니다. 선교는 우리가 하는 것이 아닙니다. 선교 지향적으로 산다는 것도 사실 말이 되지 않습니다. 우리는 이미 본질적으로, 본능적으로 선교적입니다. 단지 성령의 인도하심을 따라 그 사명을 나의 일이라고 느끼는지를 확인하는 것뿐입니다.

지금은 이런 교회 있습니까?

사도행전 2장 43절에서 47절에 보면 정말 아름다운 축복된 교회의 모습이 소개됩니다. 가진 것을 공유하고, 사랑하고, 모이고, 기도하고, 음식을 나누고, 교제했습니다. 이로 인해 많은 사람들에게 하나님의 두려움을 느끼게 하고, 수많은 사람들이 주께로 돌아왔다는 예루살렘의 첫 번째 초대교회의 아름다운 모습입니다.

옛날 옛적에는 이런 교회가 있었는데 지금은 이런 교회가 있습니까? 옛날 옛적에는 놀라운 이야기들이 너무나 많았습니다. 홍해가 갈라지고, 요단강이 갈라지고, 죽은 자가 살아나고, 성이 무너지는 등 말로 다 표현할 수 없이 놀라운 일이 있었습니다. 여호수아 한 사람의 기도 때문에 기브온 골짜기에서 태양이 멈췄다는 이야기, 인류 역사상 주님을 빼놓고 물 위를 걸어본 유일한 사람인 베드로의 이야기가 성경에 있습니다. 홍해가 갈라지고 여리고 성이 무너지고, 물로 포도주를 만든 놀라운 사건 등, 너무나 위대하고 놀라운 이야기들로 가득 찬 신비의 책이 성경입니다.

그런데 그게 나하고 무슨 상관입니까? 옛날 옛적의 아름다운 교회, 옛날 옛적의 놀라운 사건들, 옛날 옛적의 그 위대한 인물들이 지금 살아 있습니까? 다 죽었습니다. 한 분도 남아 있지 않습니다. 그러면 그때의 하나님만 그렇게 위대하신 하나님이었을까요? 지금 하나님은 어디 계신 건가요? 무슨 일을 하고 계신 건가요? 그 놀라운 이야기들이 다 옛날이야기일 뿐이고, 하나님은 자연의 원리에 맡겨놓고 이제는 더 이상 간섭을 하지 않으시는 건가요?

그러면 하나님은 지금 아무것도 하기 싫으실까요? 쉬고 싶으실까요? 더 이상 일을 하지 않으실 건가요? 아닙니다. 하셔야 합니다. 하실 겁니다. 그런데 누구와 더불어 당신의 일을 하실까요? 바로 지금, 당신과 함께 당신의 일을 하실 것입니다.

그러므로 오늘 이 세대 가운데에 아브라함도 나오고 다니엘도 나오고 다윗도 나오고 모세도 나오고 요셉도 나와야 하나님의 일은 지속되는 것입니다. 그 하나님은 어제나 오늘이나 영원토록 동일하신 분이시기 때문입니다.

오늘도 기적은 일어납니다

어떤 분은 말하기를 성경은 다 기록됐으니 그런 기적이 필요 없다, 혹은 끝이 났다고 말합니다. 하지만 과연 기적이 필요 없을까요? 만일 기적이 필요 없다면 저는 여기에 서 있지 않습니다. 벌써 30년 전에 이 땅에서 사라지고 말았을 사람이었습니다. 저는 하나님의 기적으로 생명을 다시 얻었고 지금까지 살아 있습니다. 하나님은 살아 계십니다.

저는 1982년에 선교사로 떠날 때 서울에서 제법 큰 교회에서 파송을 받았습니다. 대학과 대학원을 그 교회에서 졸업하고, 또 신학교를 다니면서 전도사, 강도사, 목사가 될 때까지, 그리고 결혼도 하고 선교사로 파송 받을 때까지 그 교회에서 사역했습니다. 제가 선교사로 나가면서 기뻤습니다. 사람들은 든든한 교회의 파송을 받고 간다고 축하했습니다. 그러나 아프리카에서 일하는 15년 동안, 단 한 번도 그 교회를 통해 선교비를 받아본 적이 없습니다. 그 교회를 폄하하려는 의도가 아닙니다. 오히려 정말 고맙습니다. 성경 마태복음 10장이나 누가복음 10장을 보면 주님이 전도대를 보낼 때 두 벌의 옷도 가져가지 말고 지갑도 가지고 가지 말라고 했습니다. 하늘과 땅의 모든 권세를 줄 테니 그냥 가라는 겁니다. 이것이 선교입니다. 하나님이 저를 바른 선교사로 만들기 위해, 하나님만 의지하도록 하신 겁니다. 그렇다고 해서 제가 한 번이라도 선교비 때문에 어렵고 힘들어서 일을 못 해본 적은 없습니다.

저는 감비아에서 유치원에서 시작해서 전문대학교까지 다 세웠습니다. 학교를 세우는 것이 복음을 마음대로 전할 수 있는 최고의 길이라고 생각했기 때문입니다. 돈이 없었기 때문에 방바닥에 큰 도화지를 깔았습니다. 그리고 도화지 위에다가 마음대로 그렸습니다. 학교, 기숙사, 도서관, 영화관, 숙소까지 그렸습니다. 축구장과 울타리도 그렸습니다. 그리고 저는 그 위에 손을 얹고 기도를 했습니다.

"하나님, 이것이 주의 뜻이고, 이곳에 복음을 전하러 저를 보내신 것이라면, 저는 하나님이 주시는 것만큼 일하고, 주시지 않으시면 저는 쉬겠습니다."

도화지 위에 그림을 그리는 데 돈 한 푼도 안 듭니다. 마음 놓고 그렸습니다. 그리고 두 손을 얹고 기도했는데, 종이에 그려진 그대로 하나님은 한 점의 오차도 없이 이루어주셨습니다.

저는 건축을 해본 일이 없습니다. 시골 출신이지만 닭장도 지어본 적 없습니다. 하지만 그 일을 이루는 데 얼마나 놀라운 하나님의 기적과 능력이 함께하셨는지는 이루 다 말할 수 없습니다.

2년 6개월 동안 공사가 끝나고 아름답게 학교 개교를 하는 날, 감비아 대통령을 초대했습니다. 국무총리, 장관들, 국회의원, 대사까지 모두 왔는데, 그 전날부터 완전 무장한 군인들이 우리 센터로 몰려 왔습니다. 깜짝 놀랐습니다. 다음 날 대통령이 오니까 센터를 밤새 지켜주는 겁니다. 제가 얼마나 편하게 잠을 잤겠습니까.

다음 날 손님들이 몰려오는데 굉장했습니다. 모두 제 뒤에 앉아 있었습니다. 저 같은 시골 출신이 언제 대통령과 악수를 해봤겠습니까? 대통령 앞에서 설교를 해봤겠습니까? 그때 모슬렘 국가에서 기독교 예배를 드렸습니다.

아니나 다를까 예배를 드리고 있는 중간에 갑자기 동네 추장이 "이슬람 국가에서 무슨 기독교 예배냐?" 하면서 단상에 올라와서 갑자기 "이슬람식으로 다시 예배합시다!" 하고 소리쳤습니다. 그러자 사람들이 다 일어나서 '알라' 하더니 전부 땅에 엎드렸습니다.

상상해보십시오. 한 나라의 대통령과 장관들 다 모셔놓고 제가 예배를 인도하는데 모두가 땅에 엎드려졌으니, 제 미래가 어떻게 되겠습니까? 인간적으로 두려웠습니다. 저는 그래도 끝까지 예배를 마쳤습니다.

그때부터 그들은 제가 죽으라는 기도를 했습니다. 저는 그들의 공격 타깃이 됐습니다. 감비아에는 추장이 서른다섯 명 있는데, 사실상 그 추장들에 의해 나라가 움직여집니다. 추장과 사이가 틀어지면 아무것도 할 수 없습니다. 제가 그 추장의 마음을 사기 위해 별것을 다 가져다주었습니다. 그래도 되지 않았습니다.

그러던 어느 날, 미국의 안식일교회가 동네에 병원과 학교를 세우려고 땅을 얻기 위해 그 추장을 미국으로 모셔갔습니다. 그런데 그 추장이 로스앤젤레스의 안식일교회 본부에 갔다가 거기에서 심장마비로 죽어버렸습니다.

제가 땅을 구하고 학교와 교회를 세웠을 때, 땅을 준 도지사가 저에게 이런 말을 했습니다.

"당신이 거기에 교회를 지으면 당신과 선교부를 추방하겠습니다."

그런데 제가 추방되기 전에 쿠데타가 일어나서 그 도지사가 다른 나라로 도망갔습니다. 사람이라면 이런 일은 할 수 없습니다. 거짓말 같은 이야기가 너무 많았습니다.

"당신의 하나님이 내 의술을 이겼습니다"

영국에서 선교훈련을 마치고 감비아로 갈 때, 영국 옥스퍼드병원에서 건강진단을 하는데 제 아내의 머릿속에 2.7센티미터의 혹이 자라나고 있는 것이 발견되었습니다. 버크라고 하는 의사가 말했습니다.

"이대로 감비아에 가면 이 혹이 자라나서 당신 부인은 맹인이 됩니다. 그러니 감비아로 가면 안 됩니다. 내가 수술해줄 테니, 가더라도 수술하고 가십시오."

제가 답했습니다.

"우리는 선교사로서 갑니다. 거기 가면 하나님께서 다 고쳐주실 것을 저는 믿습니다."

버크가 다시 말했습니다.

"맞습니다. 당신이 하나님을 믿는 것도 중요하지만, 내 의술도 믿어야 됩니다."

버크가 너무 친절했기 때문에 저는 아내에게 수술을 권유했습니다.

"여보, 의사의 말을 거절하기가 힘든데 일단 수술은 해봅시다."

금요일에 피를 뽑고 월요일에 입원해서 화요일에 수술하기로 했습니다. 그런데 주일 저녁에 버크로부터 전화가 왔습니다.

"당신의 하나님이 내 의술을 이겼습니다. 당신 아내는 수술 받을 수 없습니다. 즉시 병원으로 오십시오."

그의 말을 듣고 두 시간을 자동차로 달려가면서, 제 평생에 그렇게 많이 기도한 적이 없었습니다. 운전하면서도 쉬지 않고 입이 타도록 기도를 했습니다. 무슨 일이 벌어졌을까요? 당시에 제 아내가 큰아이를 가진 사실을 검사 결과 알게 된 것입니다. 수술을 할 수가 없게 된 것입니다. 닥터 버크가 두꺼운 종이에 제 아내에 대한 소견서를 써주었습니다. 수술할 수 없게 되었으니 감비아에 가면 의사에게 이 소견서를 주라고 했습니다. 그래서 수술도 하지 않고 그냥 감비아로 갔습니다. 이후 아내는 아이를 출산했고, 출산한 후에 뇌를 찍어보니 혹이 없어졌습니다. 할렐루야!

어찌 보면 아주 작은 일이었지만, 하나님의 복음을 들고 간 제게는 매우 큰 체험이었습니다.

사도행전 1장 8절은 "성령이 너희에게 임하시면 너희가 권능을 받고 예루살렘과 온 유대와 사마리아와 땅끝까지 이르러 내 증인이 되리라"고 말씀합니다.

지금도 사실 우리는 성령님이 없으면 살지 못합니다. 그런데 그 성령님이 왜 오셨을까요? 예수님이 십자가에 죽으시고 부활하시고, 또 승천하시고 다시 오시는 일을 이루기 위해서 오신 하나님이 성령님이십니다. 그래서 우리는 그분을 '선교의 영'이라고도 부릅니다. 즉, 교회의 시작과 더불어 이 땅에 선교를 위해 오신 분이 성령님이십니다. 땅끝까지, 모든 족속으로 복을 받게 하는 아브라함과의 약속을 성취하기 위해 오신 분이 성령님이십니다. 마태복음 24장 14절을 이루기 위해 이 땅에 오신 분이 성령님이십니다.

그런데 그 놀라운 일들을 이룩하기 위해 성령님이 이 땅에 오셨음에도 불구하고 왜 옛날 옛적에 일어났던 그런 놀라운 일들이 지금은 일어나지 않을까요? 그 이유는 간단합니다. 우리가 성령님에 대해 너무 과소평가하고 있기 때문입니다.

성령님은 신비주의적인 마술을 선보이기 위해 이 땅에 오신 분이 아닙니다. 그분은 인격적인 하나님으로서 교회의 시작과 더불어 선교의 완성을 위해 이 땅에 오셨습니다. 교회는 성령님이 오심으로 시작되었습니다. 마가의 다락방에서 모여서 기도한 120명이 성령의 충만함을 받았을 때 교회가 시작된 것입니다.

성령이 임하면 다이너마이트가 되고

성령님은 우리들에게 권능을 주신다고 했습니다. 권능이 내게 임하면 증인이 되는 것입니다. 사람은 연약합니다. 성령의 권능이 없이는 사람의 힘으로는 아무도 이 마지막 과업을 성취할 수가 없습니다. 아무 일도 할 수가 없습니다. 그리스도인이라면 당연히 예수 그리스도의 크신 권능을 받아야 되는 겁니다.

특별히 이슬람 공동체는 무시무시하게 강합니다. 어린아이들이 걷기 시작하면 전깃불이 없는 동네에서 밤에 모닥불을 피워놓고, 종이가 없으니까 판자에 코란을 써서 밤새 외우게 합니다. 코란을 손바닥에 써서 핥아 먹게 만들고, 종이에 코란을 써서 불로 태워 물에 섞은 다음 아이들에게 마시게 합니다. 그런 아이들에게 우리가 가벼운 마음으로 다가가서 주 예수를 믿으라고 쉽게 말할 수가 없습니다. 급진적인 이슬람은 몸에 폭탄을 짊어지고 자폭해서 죽기로 헌신한 사람들이 100만 명은 될 것이라고 자랑합니다.

그런데 사실은 우리가 그 일을 해야 하지 않겠습니까? 사도행전 1장 8절을 제 생각대로 번역하면 이렇습니다.

"성령이 너희에게 임하시면 너희가 다이너마이트를 짊어지고."

왜요? 권능을 말하는 단어는 '두나미스'인데 그 말에서 다이너마이트가 나온 것입니다. 그러니까 "성령이 임하시면 권능의 다이너마이트를 짊어지고 예루살렘과 온 유대와 사마리아와 땅끝까지 예수의 증인이 되라"는 것입니다. 한편, 이 말씀에서 증인을 헬라어로 '말투스'라고 하는데 여기에서 영어의 순교자 마터(martyr)라는 단어가 나왔습니다. 그러므로 바꿔서 말하면 "성령이 너희에게 임하시면 너희가 다이너마이트를 짊어지고 땅끝까지 가서 폭파되어 죽으라"라고 풀이할 수 있습니다. 이것이 제가 다시 해석해본 사도행전 1장 8절입니다.

급진적인 이슬람은 스스로 자폭하여 자신도 죽이고 다른 사람도 죽이는 일을 하지만, 이 말씀은 내가 순교함으로 다른 사람이 살고 교회가 세워지는 놀라운 일을 하게 된다는 뜻입니다. 그런데 제가 아프리카에서 고민하던 것은, 우리에게 이런 힘이 없다는 것이었습니다.

베드로는 "은과 금은 내게 없거니와 내게 있는 이것으로 네게 주노니 나사렛 예수 그리스도의 이름으로 일어나 걸으라"라고 할 때 앉은뱅이가 일어나는 기적이 일어났습니다. 그런데 저는 돈도 있고 금도 은도 있고 다 있는데 진짜 가져야 할 능력이 없는 겁니다. 저는 이슬람이 지배하는 감비아 땅에서 절망하는 선교를 했다고 해도 과언이 아닙니다.

이 시대에 구약시대와 초대교회 때 일어났던 놀라운 하나님의 사람들이 다시 일어나야 합니다. 그때보다 더 강력한 능력을 가진 하나님의 사람들이 일어나야 세상이 변하는 것입니다. 15억 5천이라는 이슬람을 우리의 힘만으로는 이길 수 없습니다.

15억 5천이라고 하는 놀라운 이슬람을 만드는 사탄의 전략은 성공했습니다. 그러면 그들을 변화시키고 그들에게 복음을 전해야 할 의무를 가지고 있는 우리는 과연 어떻게 그 일을 행할 수 있을까요? 말씀과 더불어서 성령의 권능을 입어야 가능한 것입니다.

왜 그곳에 가 있겠습니까?

얼마 전에 미전도 종족 탐사를 했습니다. 집들이 정글 속에 있었습니다. 그래서 헬리콥터를 강가에 내렸습니다. 내려서 깜짝 놀랐습니다. 어떤 남자가 옷을 홀딱 벗고, 실오라기 하나 걸치지 않고 창을 들고 서 있었습니다. 이 시대에도 아직 이런 사람이 살고 있다는 사실이 놀라웠습니다. 여자들은 윗옷은 입지 않고 밑에만 풀로 가리고 있었습니다. 진짜 놀란 것은 그 정글 안에 캐빈 마틴이라는 캐나다 출신의 선교사 부부가 살고 있다는 사실이었습니다. 아무것도 없는 그곳에서 5년째 살고 있다고 합니다. 그 아름다운 캐나다를 떠나 그곳까지 간 것입니다.

그들이 하나님의 나라와 복음이 땅끝까지 전파되면 그제야 끝이 오리라는 하나님의 비밀을 알았기 때문에 거기에 간 것이지, 누가 시킨다고 가겠습니까? 저도 하나님나라가 없다면 감비아에 가지 않았습니다.

감비아에는 하나밖에 없는 제 아들을 교육할 수 있는 시설이 따로 없었습니다. 그래서 감비아의 학교에 보냈습니다. 아들은 학교에 가서 물 한 방울, 밥 한 톨 먹지 못했고 바지에 오줌을 싸기도 했습니다. 나중에 선교사 학교가 생겨서 옮기게 된 후에 알게 되었습니다.

"아빠, 내가 왜 안 먹고 안 마신 줄 알아? 학교 화장실 안 가려고 그런 거야."

감비아의 학교에서 그늘 진 곳에서는 아무도 보이지 않았습니다. 옷만 걸어 다니는 것 같습니다. 우리 아이 하나밖에 안 보였습니다. 제가 가끔 자동차를 운전하다가 놀라는 것은 앞에서 오는 자동차에 운전자가 없는 것입니다. 밤에는 심방이 불가능합니다. 별빛 아래 우리

가족은 보이지만 그들은 전혀 보이지 않기 때문입니다.

하나밖에 없는 제 아들은 지금 아프리카 말리(Mali)에 있습니다. 누구는 말하기를 가서는 절대 안 되는 곳이고 가지 못하게 말려야 할 땅이 바로 말리라고 합니다. 그런데 그곳에 가 있습니다. 왜 그곳에 가 있겠습니까?

주님은 우리에게 이렇게 약속하셨습니다.

"내가 진실로 진실로 너희에게 이르노니 나를 믿는 자는 내가 하는 일을 그도 할 것이요 또한 그보다 큰 일도 하리니 이는 내가 아버지께로 감이라"(요 14:12).

이제는 모세가 아닙니다. 이제는 다니엘이 아닙니다. 이제는 요셉이 아닙니다. 빌리 그래함이 아닙니다. 바로 당신을 통해서, 이름 없고 연약하고 힘든 모든 사람들을 통해서 세계 복음화를 이루시겠다는 겁니다. 이것이 하나님의 뜻입니다.

성경은 말합니다.

"하나님이 말씀하시기를 말세에 내가 내 영을 모든 육체에 부어주리니 너희의 자녀들은 예언할 것이요 너희의 젊은이들은 환상을 보고 너희의 늙은이들은 꿈을 꾸리라"(행 2:17,18).

당신은 주님보다 더 큰 일을 할 수 있는 시대에 부름 받았습니다. 말세에 누구에게나 부어주시는 그 성령의 기름 부으심을 받으면 위대한 하나님의 사람으로 쓰임 받는 것입니다.

다른 하나님의 부르심이 필요합니까? 새로운 소명이 필요합니까? 성령이 역사하시면 가능한 것입니다.

하나님나라를 이루는 조건

폴 투르니에(Paul Tournier, 1898~1986, 스위스 정신과 의사)는 말하기를 우리에게는 두 가지 본성이 있는데, 하나는 모험에 대해 도전하는 본성이 있는 것이고 또 하나는 모험하고 싶지 않고 안주하려는 충동을 동시에 가지고 있다는 것입니다. 어느 쪽에 당신의 본성을 투자하겠습니까?

아무 일도 하지 않으면 아무 일도 안 일어납니다. 지금까지 해오던 대로 살면 새로운 일이 일어나지 않습니다. 그러나 새로운 일을 시도하면 당신은 새로운 것을 경험하게 될 것입니다.

우리의 정치, 경제, 사회, 문화, 교육, 어느 한 곳에 희망이 있으면 말씀해주십시오. 정치가 희망이라면 나는 정치가가 되고 싶습니다. 경제가 이 땅을 살리는 희망이라면 나는 경제인이 되고 싶습니다. 교육이 사람을 변화시킬 수 있다면 교육에 생명을 걸 것입니다. 과학이 이 세상을 파라다이스나 유토피아로 만들 수 있다면 과학에 생명을 걸고 싶습니다. 그러나 그렇지 않습니다. 이 세상은 희망이 없습니다. 성경은 우리에게 말합니다.

"이 천국 복음이 모든 민족에게 증언되기 위하여 온 세상에 전파되리니 그제야 끝이 오리라"(마 24:14).

우리의 희망은 하나님나라를 이루는 것입니다. 그러기 위해서는 몇 가지 조건이 필요합니다. 먼저 누군가가 가서 복음을 전해야 합니다. 그리하여 미전도 종족이 없어질 때, 즉 이방인의 충만한 숫자가 채워질 때 주님은 다시 오실 것입니다.

그리고 기도해야 합니다. 주기도문의 뜻을 따라 나라가 임하고 그 땅이 하늘에서 이루어진 것처럼 이 땅에도 이루어지기를 바라는 마음으로 기도할 때 하나님나라는 이루어질 것입니다.

우리가 땅끝까지 품어야 하는 것이 복음의 본질이라면, 복음이 본질적으로 우리에게 무엇을 회복하라고 하는지, 당신이 누구를 품어야 하겠는지를 먼저 물어야 할 것입니다.

미래의 사명을 알고
땅끝을 회복하는 사람이 된다

PART

3

통일 이후를 품는 온전한 복음

제 3 세 대 의   새 로 운   사 명

CHAPTER 9

정진호

서울대학교 재료공학부 졸업. 미국 MIT 박사후 과정중이던 1990년 미국 KOSTA에서 중국으로 부르심을 받고 연변과학기술대학교에서 사역했다. 포항공대, 한동대, 토론토대 방문 교수 및 평양과학기술대학교 설립부총장을 지냈다.

저는 유명한 세대인 58년생 개띠입니다. 이 세대가 대학을 다니던 시절은 암울한 정치적 상황 가운데 있었습니다. 10·26사건, 광주 민주화 운동 같은 혁명이 일어나던 시절을 달려갔습니다.

저의 청년의 때를 돌이켜 보면 늘 떠오르는 시가 있습니다. 이상의 '오감도'라는 시입니다. "13인의 아해가 도로를 질주하오(길은 막다른 골목이 적당하오)"라고 시작하는 이상한 시입니다.

그때나 지금이나 변하지 않은 것은, 이 사회가 우리 인생의 모든 성공이 좋은 대학에 가는 것이고 대학입시가 모든 것인 양 착각하게 만들어서, 우리의 아들과 딸들을 잘못된 길로 달려가게 한다는 것입니다.

저 역시 그와 같은 인생을 달려갔던 사람입니다. 원하는 대학에 들어갔지만 저의 마음은 깊은 상실감과 허무감에 사로잡혔습니다. 저는 진리를 알지 못하고 예수 없이 살아가는 허무한 인생이었습니다. 빈 마음을 채워보고자 진리를 찾고자 하는 마음으로 술을 마시고, 연애를 하고, 온갖 세상 철학으로 진리를 추구했지만 진리를 붙들 수는 없었습니다. 그래서 참 허무하고 허랑방탕한 젊은 시절을 보내게 되었습니다.

복음을 부끄러워하던 사람의 변화

대학 졸업할 무렵에는 술을 너무나 많이 마셔서 손이 떨릴 정도로 알코올 초기 중독 증상이 있었습니다. 그런 가운데 하나님께서 은혜를 더하셔서 예수 믿는 아내를 만나게 하시고, 술 권하는 한국 사회를 떠나 유학의 길을 나서는 기회를 허락하셨습니다.

참 교만하고, 자기가 가장 똑똑한 줄로 생각하고 살아가던 한 사람을 주님께서는 미국 보스턴으로 보내셨습니다. 그곳에서 저를 위해 기도하는 수많은 믿음의 선배들과 교회를 만나게 하셨습니다. 그들의 눈물의 기도를 통해, 바비큐 파티를 한다는 말만 듣고 정말 멋모르고 찾아간 장소에서 시작한 성경공부가 결국은 저의 인생을 변화시켰습니다. 코스타의 시발점이 되었다고 하는, 보스턴의 게이트 바이블 스터디라는 모임이었습니다.

십자가와 부활의 복음은 지식적이고 이성적으로는 이해되었지만, 저에게는 여전히 예수 믿는 것 자체가 부끄러운 일이었고, 술 마시는 옛 친구들을 만나면 당당히 밝히지 못하던 시절이었습니다. 그런데 어느 날 새벽에 말씀을 읽는 가운데, 주님께서 저를 깊이 찾아 오셨습니다. 로마서 1장 16절 말씀이었습니다. 사도 바울의 고백입니다.

"내가 복음을 부끄러워하지 아니하노니 이 복음은 모든 믿는 자에게 구원을 주시는 하나님의 능력이 됨이라 먼저는 유대인에게요 그리고 헬라인에게로다."

복음을 부끄러워하지 않는다는 이 말씀이 날카로운 비수처럼 제 마음 깊은 곳을 치고 들어왔습니다. 걷잡을 수 없는 눈물이 쏟아졌습니다.

'그렇구나. 복음이 부끄러운 것이 아니라 내가 이제부터 평생토록 목 터져라 외쳐야 할 자랑거리로구나'라는 것을 그때 깨달았습니다. 예수 그리스도를 만난 기쁨으로 눈물의 왕자가 되었고, 교만하게 살아가던 한 사람을 주님께서 말씀으로 꺾으셨습니다.

그런 가운데 1990년 제5회 코스타에 참석하게 되었습니다. 이제 갓 예수 믿은 자가 코스타에 와서 그 당시 주강사로 오신 홍정길 목사님, 이동원 목사님, 김진홍 목사님 같은 여러 목사님들의 말씀에 도전을 받을 때, 저는 정신을 차릴 수 없이 휩싸여 들어갔습니다.

삶으로 믿음을 살아내시는 김진홍 목사님의 저녁 메시지에 은혜를 받았습니다. 아침에는 송인규 목사님의 성경 강해를 통해, 학문과 신학이라는 것이 전혀 별개의 세계요 아무런 관계가 없다고 생각했던 저의 선입견이 깨졌고, 영성과 전문성이 하나 되게 하는 새로운 가치관으로 거듭나는 체험을 하게 되었습니다.

제가 공부하는 학문과 직업이 생명을 살리는 현장에서 쓰임 받을 수 있다는 사실을 깨닫고 놀라운 감격에 빠져 있을 때, 그 당시 연변에 과학기술대학을 세우고 계시던 또 한 분의 강사 김진경 박사님을 통해 중국 땅에 복음을 위한 새로운 대학이 세워진다는 소식을 듣게 되었습니다. 그를 통해서 충격적인 도전을 받고 있을 때, 이동원 목사님의 탁월한 복음 메시지와 지금도 잊을 수 없는 홍정길 목사님의 폐회 예배 설교 말씀을 듣게 되었습니다.

그 해 코스타의 주제가 '이 시대를 새롭게'였는데 코스타 25주년 때처럼 그때도 유난히 민족과 복음에 대한 메시지들이 많았던 것 같습니다. 홍 목사님이 저에게 도전하셨습니다. 조만간 남북한뿐 아니라 중국에 있는 조선족들을 포함하여 영적으로 삼국통일을 해야 할 시대가 다가온다는 것이었습니다. 그러므로 영적인 삼국통일을 준비하라는 말씀이었습니다. 얼마나 가슴이 뛰었는지 모릅니다. 그때는 아직 한중수교도 하기 전이었는데, 시대를 뛰어넘는 선지자적인 메시지였습니다.

그 메시지를 듣고 제게 깊은 고민과 기도가 시작되었고, 하나님 앞에 엎드려 기도할 때 하나님께서는 그 불모의 땅, 제가 도저히 갈 수 없다고 생각했던 그 당시의 중공, 지금의 중국으로 떠날 수 있는 힘을 주셨던 것입니다.

저는 20년이 지난 오늘 코스탄의 후배들 앞에서 제 자신을 돌아봅니다. 코스타를 통해 인생이 바뀌고, 코스타의 선배들을 통해 도전과 복을 받아 누린 사람 중에서 저보다 더 큰 복을 받은 사람이 있다면 나와 보라고 말하고 싶을 정도로, 저의 지나온 20년은 너무나 귀한 시간들이었습니다.

그리고 보니 이제 제가 어느 새 홍정길 목사님이 20년 전에 제게 메시지를 주셨던 시절의 나이가 되어 있다는 것을 깨닫게 됩니다. 깊고 뜨거운 영적인 부담감과 책임감을 동시에 느낍니다.

그렇다면 이 시대의 사랑하는 코스탄 후배들을 향해 저는 무슨 도전의 메시지를 던질 수 있을까요? 기도하는 가운데 주님께서 제게 후배들에게 전하라고 큰 두 가지 주제를 생각나게 해주셨습니다. 첫 번째는 통일 시대 이후를 준비하라는 메시지입니다. 두 번째는 온전한 복음으로 나아가라는 메시지입니다.

첫 번째 메시지, 통일 시대 이후를 준비해야 합니다

저는 우리 민족의 지난 150년의 고난의 역사를 돌이켜 봅니다. 어쩌면 1907년 평양대부흥을 통해 가장 많은 복을 받아누렸던 민족이 바로 우리 민족이 아닌가 생각합니다. 태평양전쟁, 러일전쟁, 청일전쟁, 한국전쟁을 비롯해 수많은 전쟁의 회오리 속에서 우리의 민초들은 초토화되었습니다. 그래서 정말 흩어지기 싫어하는 우리 민족을 하나님께서는 이상한 방법으로 전 세계에 흩어져 살아가는 디아스포라 민족으로 만들어버리셨습니다. 참 놀라운 일입니다.

그런 고난 가운데서도 우리가 견딜 수 있었던 것은 평양대부흥을 통해 우리 민족에 쏟아부으셨던 복음의 은혜가 있었기 때문이라고 생각합니다.

일제시대에 수많은 믿음의 선배들이 자신의 모든 것을 버리고, 자신의 안일과 영화를 뒤로하고 지금의 연변지방인 만주로 떠나서 독립운동을 하며 수많은 헌신과 희생의 삶을 살았습니다.

우리가 잘 아는 대로 3·1운동의 33인 중에 절반이 그리스도인이었습니다. 월남 이상재 선생, 안창호 선생, 백범 김구 선생, 조만식 선생 등, 우리가 아는 민족 지도자들의 대부분이 교회에서 나왔다는 사실입니다. 그만큼 우리의 믿음의 선배들은 복음 앞에서 자신을 희생하고 버릴 줄 아는 사람들이었습니다.

그러다가 마침내 하나님의 은혜로 우리 민족이 광복을 맞이했습니다. 그리고 65년이 지났습니다. 그러나 안타깝게도 우리 민족은 여전히 남북이 분단된 현실 가운데 살아가고 있습니다. 광복 이후에 닥쳤던 감격도 잠시, 얼마나 많은 혼란이 있었습니까? 그 이유는 우리가 그렇게 헌신하고 광복을 위해 투쟁하며 싸웠지만, 실제로 광복 이후에 나타날 사회상에 대해서 면밀하고 치밀한 준비를 하지 못했기 때문이었다고 저는 생각합니다.

그렇다면 이제 통일을 준비하는 이들이 무엇을 준비해야 할지가 명확하지 않겠습니까? 통일은 반드시 다가옵니다. 이미 임박해 있습니다. 통일을 위해 준비를 해야 할 때가 왔다는 것입니다. 그러나 과연 우리에게 이 통일을 맞이할 준비가 되어 있습니까?

분단에서 통일 사이의 포로 3세대

저는 우리 민족이 통일이 되기 전까지는, 성경적으로 볼 때 여전히 포로 시대를 살고 있다고 생각합니다. 마치 이스라엘의 예루살렘 성전이 훼파되고 나서, 예레미야 선지자의 예언처럼 70년 후에 다시 스룹바벨 성전이 세워지는 포로 시기 사이와 비슷합니다. 그런데 그 시기에는 세 단계의 세대가 있었습니다.

첫 번째 세대는 다니엘과 에스겔과 같은 사람들입니다. 이런 사람들은 느부갓네살의 침공 가운데 직접 전쟁의 참화를 겪고 포로로 끌려갔던 세대입니다. 이 세대를 포로 1세대라고 할 수 있습니다.

우리 민족의 역사 속에서도 동일하게 포로 1세대가 있습니다. 일제와 전쟁을 직접 겪었던 선배들입니다. 그 분들은 지금도 눈물로 통일을 위해 남과 북에서 각각 기도하고 있습니다. 아마 북한의 지하교회에서도 다니엘이나 에스겔처럼 환상 가운데 우리 민족의 통일을 기다리고 기도하고 계실 겁니다. 그러나 1세대 선배들은 점점 눈을 감고 계십니다.

두 번째 세대인 포로 2세대는 저와 같은 사람들입니다. 전쟁은 겪지 못했지만 40대에서 50대 사이로서 민주화를 겪었고 남북나눔운동과 같은 통일을 위한 프로젝트를 진행하면서 평양을 오가기도 하는 세대입니다. 저희 세대는 통일에 대한 간절한 열망이 있습니다. 이 포로 2세대의 역할은 장차 다가올 포로 3세대를 위한 길을 닦는 것이라고 생각합니다. 마치 스룹바벨과 학개와 스가랴가 했던 역할과 같습니다.

세 번째 세대가 가장 중요한데, 바로 포로 3세대입니다. 스룹바벨 성전의 대역사를 이루고 부흥의 역사를 마무리 시었던 포로 3세대가 이스라엘에 있었습니다. 성벽이 초라하게 무너지고 없어져 외척의 침공 가운데 혼란과 어려움을 겪고 있을 때 나타났던 3세대가 바로 느헤미야와 에스라와 같은 사람들이었습니다. 그 포로 3세대들에 의해 이스라엘의 귀환이 이루어지고 부흥의 역사를 마무리했던 것입니다.

저는 우리나라의 포로 3세대에게 도전하고 싶습니다. 어쩌면 지금의 십대에서 이삼십 대에 해당하는 이들이 될 것입니다. 바벨론 문화에 깊이 찌들어서 통일에는 관심조차 없고, 스마트폰이나 MP3에 이어폰을 꼽고 몸을 흔들어대며, 향락적인 문화에 깊이 빠져 있는 것처럼 보이는, 기성세대들이 볼 때는 참으로 한심하게 느껴지는 청춘들이 우리에게는 포로 3세대들인 것입니다.

그러나 예수 믿는 십대와 청년들은 달라야 합니다. 비록 예수 믿지 않는 자들이 통일에 무관심할지라도, 예수 믿는 포로 3세대로서 일어나야 합니다. 이 세대 가운데에서 이 시대의 통일과 부흥의 역사를 마무리할 느헤미야와 에스라와 에스더와 같은 인물들이 나타나야 한다는 것입니다. 그것을 위해 청년들에게 통일 이후를 준비하라고 도전하고 싶습니다. 그들 가운데에서 하나님의 군대들이 일어나야 할 것입니다.

그러나 그것이 뜨거운 열정만 가지고 있다고 다 되는 것이 아닙니다. 하나님의 군사들은 깊은 전략이 있어야 하고, 무기가 있어야 합니다. 그 전략과 무기가 무엇인가를 생각할 때 저는 세 가지로 요약합니다. 첫째가 칼이요, 둘째가 활이요, 셋째가 물입니다.

첫째, 우리의 일상생활 속에서 날카롭게 선 양날 같은 칼을 준비해야 합니다. 양날의 한 쪽은 영성의 날이고, 다른 한 쪽은 전문성의 날입니다.

각 사람들의 전공대로 공부하고 일할 때 정말 실력이 있어야 합니다. 앞으로 통일 이후의 시대를 살아갈 주역들이라면 북한을 깊이 연구하고 정치, 경제, 사회의 모든 현상을 예견하고 연구하고 준비하는 사람들이 있어야 할 것입니다. 그런 사람들이 이 세대 가운데에서 나타날 수 있기를 바랍니다. 한편, 말씀을 많이 읽고 부지런히 배우고, 깊이 묵상하고 연구하는 영성의 칼날이 동일하게 필요합니다. 그럴 때 양날이 모두 예리하게 날 선 칼이 될 것입니다. 이 세대가 그런 검객이 되어야 합니다. 일상생활의 전투에서 실패하면 절대로 통일과 같은 큰 전투에서 이길 수 없는 것입니다.

둘째, 전쟁에는 활이 또한 필요합니다. 활은 방향성을 뜻합니다. 전략과 비전이 있어야 한다는 말입니다.

저는 스가랴 9장 13절의 말씀을 묵상하는 가운데, 우리 민족이 이 시대에 복음을 쏠 수 있는 활이라고 생각했습니다.

"내가 유다를 당긴 활로 삼고 에브라임을 끼운 화살로 삼았으니 시온아 내가 네 자식들을 일으켜 헬라 자식들을 치게 하며 너를 용사의 칼과 같게 하리라."

큰 전쟁에서는 칼만 잘 쓴다고 해서 승리하기 어렵습니다. 전략, 즉 방향이 중요합니다. 비전이라고 말할 수 있겠습니다. 하나님나라의 역사가 어디를 향해서 어떻게 흘러가고 있는지를 보아야 합니다. 그 방향대로 활을 정확히 조준할 수 있어야 합니다. 이깃이 이 세대에게 주어지는 이 시대의 비전이요, 하나님나라의 경륜이라고 저는 생각합니다.

하나님께서 한국 땅을 이렇게 경제적으로 영적으로 크게 부흥시키신 이유는 한국을 활을 날릴 수 있는 든든한 활대로 만드시기 위한 것이라고 보아야 합니다.

한편, 지금도 고난의 행군을 겪고 있는 북한의 동포들은 장차 모슬렘과 이스라엘을 향해 날아갈 막강한 화살이 되기 위하여 연단을 받고 있는 것입니다. 그러나 언젠가는 통일이 되어 복음의 화살이 힘있게 날아갈 때가 있을 것입니다. 그것을 위해 하나님께서는 남북한과 더불어 전 세계에 흩어진 800만 코리안 디아스포라를 함께 사용하실 것입니다. 그들이 연합하여 복음의 활시위를 당길 것입니다. 지금 남북간에 긴장이 고조될수록 활시위는 더 팽팽해지겠지만, 언젠가 우리 민족이 통일이 되는 그날, 이 복음의 화살이 힘있게 날아갈 것입니다.

3세대를 위한 길을 예비하라

저는 최근에 말씀을 묵상하는 가운데 제가 1990년 코스타에서 받았던 그 비전이 어쩌면 우리 민족 선교에 대한 비전이었다는 생각을 하게 됩니다.

저는 처음 10년 동안은 이사야서 49장 6절의 말씀을 따라 잃어버린 야곱의 지파를 일으키는 일인 것처럼, 연변과학기술대학에서 조선족들을 위해 헌신했습니다. 그들과 눈물로 복음을 나누었습니다. 그리고 지난 7년간은 잃어버린 형제인 북한의 남겨진 자들을 다시 회복시키는 일을 위하여 평양과학기술대학을 준비하는 일을 해왔습니다.

그런데 하나님께서 어느 날 갑자기 이렇게 말씀하셨습니다.

"그것은 오히려 경한 일이다. 내가 너로 이방의 빛으로 삼아 땅끝까지 이르러 복음을 전하는 증인으로 살게 하겠다."

그런 가운데 하나님께서 또한 깨닫게 하신 것은, 우리가 이 칼과 활을 가지고 모슬렘과 유대인들을 향해 나아갈지라도 우리들에게 용서와 화해의 복음이 없다면 아무런 힘을 쓰지 못한다는 사실이었습니다.

우리가 먼저 우리의 이웃인 일본을 용서하고, 우리의 동족인 북한을 용서하고 품을 수 있는 연합된 마음을 가지고 나아가야만 한다는 것입니다. 그 용서는 사실 우리 생각과 힘으로 되지 않습니다. 성령이 주시는 무기이기 때문입니다. 성령의 생수가 우리 가운데 먼저 터져야만 그것이 가능하다고 말씀하십니다.

최근에 제가 크게 뜻한 바가 있어서 지난 2010년 봄에 80일간의 여정으로 북경 베이징을 출발해 중국을 횡단하고 중앙아시아, 중동, 그리고 이스라엘의 예루살렘까지 육로 여정을 가져보았습니다. 그 길은 장차 통일 시대 이후에 통일의 주역이 될 포로 3세대인 후배들이 앞으로 나아가야 할 길입니다. 그래서 포로 2세대로서 그 길을 닦기 위한 예비 여행이었습니다. 그 여정 가운데 하나님께서 놀라운 것들을 많이 보여주셨습니다.

이 마지막 때에 우리가 싸워야 할 큰 전쟁이 있는데, 그것은 쓰나미처럼 몰려오고 있는 모슬렘의 엄청난 파도입니다. 이것들을 경영할 수 있는 사람들이 필요합니다. 그러자면 중국 교회가 일어나서 모슬렘을 경영할 수 있도록 누군가 도와야 합니다. 그런데 바로 조선족들을 중국에 남겨두셔서, 조선족들을 통하여 한국교회가 중국교회에 들어갈 수 있도록 하나님께서 미리 예비하신 것을 보게 되었습니다.

뿐만 아니라 중앙아시아로 들어가보니, 하나님의 경륜 가운데 스탈린 시절의 고난의 역사 가운데 고려인들을 그 땅에 뿌려놓으심으로, 그들을 통해, 그리고 그 땅에 앞서 간 수많은 한국 선교사들이 영적 인프라를 구축하고 있는 놀라운 모습을 보게 되었습니다. 중국의 조선족과 중앙아시아의 고려인들을 통해, 장차 중국교회와 모슬렘이 함께 만날 수 있는 징검다리 역할, 즉 그들이 길 안내자의 역할을 하게 될 것임을 보았습니다. 그러므로 그들과 우리가 함께 연합하는 것이 또한 중요한 사명이라는 것을 깨닫게 되었습니다. 그것이 이루어질 때, 마침내 주님 오실 그 길을 예비하며 유대인과 아랍인들의 화해가 이루어질 수 있을 것입니다.

두 번째 메시지, 온전한 복음을 선포하라는 것입니다

하나님께서 저에게 온전한 복음으로 나아가라고 말씀하셨습니다. 그렇다면 온전한 복음이란 도대체 무엇입니까? 복음의 내용이 무엇입니까?

우리가 아끼는 이 소중한 성경을 한마디로 쉽게 표현하면 복주머니라고 생각합니다. 설날 때 세배하면 어른들이 복주머니를 주셨습니다. 그런 것처럼 성경 안에 복이 가득 들어 있습니다. 생명의 길, 생명의 복이 가득 들어 있는 것입니다.

원래 복이라는 단어가 하나님의 생명력을 가리키는 것입니다. 하나님의 생명의 길이 이 말씀, 복음 속에 가득 들어 있습니다. 그것을 우리가 어떻게 표현합니까? 다시 말해, 우리가 전하는 복음이 무엇입니까?

중국에서는 복음을 이야기할 때 흔히 1234, 즉 한 글자에서 네 글자의 중국어로 표현합니다. 1은 사랑 애(愛)자입니다. 복음을 한 글자로 말하면 사랑이라는 것입니다. 두 글자로 표현하면 예수, 세 글자로 표현하면 십자가, 네 글자로 표현하면 이신득의(以信得義), 즉 믿음으로 의롭게 된다는 것입니다. 복주머니 안에서 네 개의 동전이 나왔는데, 각각 애(愛), 예수, 십자가, 이신득의라고 쓰여 있다는 것입니다. 이것이 복음입니까? 맞습니까? 당연히 맞습니다. 이것이 우리를 구원한 그 은혜의 복음의 내용입니다.

1234를 요약해보면 결국 이런 뜻이 됩니다.

"하나님이 우리를 이처럼 사랑하사 독생자 예수를 이 땅에 보내주셨으니, 그가 십자가에 달려 우리 죄를 위하여 대신 피 흘려 돌아가시고 부활하심으로 말미암아, 그를 믿는 자마다 영생을 얻고 죄인인 우리를 의롭다 인정하셨다. 그래서 사망에서 생명으로 옮기셨다."

맞습니다. 그러나 아직 온전하지는 않습니다. 틀렸다는 것은 아니지만 복음을 온전히 설명하기에는 아직 전체가 아니라는 것입니다. 뭔가 보태야 할 설명이 남아 있다는 말입니다.

'전체'라는 한자말이 참 묘합니다. 온전할 전(全) 자에 몸 체(體) 자입니다. '온전한 몸'이란 뜻입니다. 그러나 온전한 몸이 세상 어디에 있습니까? 우리 주 예수 그리스도가 다시 오셔서 이 땅에 그의 온전한 몸, 그리스도의 몸을 완성하실 그날에야 비로소 온전한 것이 나타나는 것입니다. 아직은 아무것도 온전하지 않습니다.

놀랍게도 복음이라는 동전에 뒷면이 있다는 사실을 우리는 종종 망각하고 있습니다. 그 뒷면이 무엇일까요? 바로 하나님의 공의(公義)입니다. 하나님은 사랑이실 뿐만 아니라 의로우신 분입니다. 그래서 죄를 싫어하시고 심판하시는 분입니다. 그러므로 우리의 죄를 위하여 십자가에 달려 돌아가신 어린양 예수가 반드시 유다의 사자로서 다시 오실 왕, 그리스도라는 것을 동시에 선포하는 것이 온전한 복음입니다.

시몬 베드로가 이렇게 고백합니다.

"시몬 베드로가 대답하여 이르되 주는 그리스도시요 살아 계신 하나님의 아들이시니이다"(마 16:16).

이 고백이 얼마나 놀라운 것인지, 그 의미를 얼마나 아십니까? 이런 온전한 신앙고백이 당신의 삶에서 나타날 수 있기를 바랍니다.

당신의 행동이 당신의 유언입니다

우리는 예수 그리스도가 달려 돌아가신 십자가를 이야기합니다. 그것은 우리를 구원한 예수의 십자가입니다. 그런데 예수님께서 마태복음 16장에서 십자가 이야기를 하시면서 바로 이어서 말씀하시는 것이 있습니다. 바로 자기 십자가를 지라는 것입니다. 예수의 십자가가 있으면 우리 각자의 십자가도 있는 것입니다. 그러므로 우리는 예수의 십자가와 자기의 십자가를 동시에 선포해야 합니다.

그리고 우리가 믿음으로 의롭다함을 받는 것이 분명하지만, 그 뒷면에는 야고보 사도가 말한 것처럼 행동으로 그 믿음을 보여주어야 합니다. 이 기독교 신앙은 불교처럼 사변적인 철학적 사상이 아닙니다. 만일 우리의 믿음이 진정한 십자가의 믿음이라면 우리의 행동으로 그 믿음을 보여야 합니다. 우리는 행동하는 신앙인인 것입니다.

이 세대 가운데 통일 시대와 동아시아 시대를 경영하며, 주의 재림을 기다리는 부흥과 통일의 새 포도주들이 나타나야 할 것입니다. 그것을 위해 당신의 신앙이 그저 사변적으로 그치는 것이 아니라 행동하는 신앙으로 옮겨지는 결단이 나타날 수 있기를 바랍니다.

제가 일하는 연변 땅의 용정이라는 곳에 가보면 윤동주 시인의 생가가 있고 시비(詩碑)가 있습니다. 그 생가에 가보면 윤동주 시인의 외삼촌이었던 규암 김약연 선생의 기념비도 있습니다. 그 분은 명동교회를 짓고 학교를 지어서 수많은 제자들을 키워낸 민족지도자이자 교육자였습니다. 그 분이 돌아가실 때 제자들이 그 분에게 유언을 부탁했습니다. 그때 그 분이 남기신 유언이 바로 이것입니다.

"나의 행동이 나의 유언이다."

'너희가 내가 어떻게 살아왔는지 다 보지 않았느냐? 그런데 또 무슨 유언을 남겨 달란 말이냐?'라는 뜻으로 하신 말씀입니다.

이 세대 가운데 이 시대를 경영할 수 있는, 통일 시대를 준비하는, 행동하는 그리스도인, 사회적 책임을 지는 그리스도인들이 많이 나올 수 있기를 바랍니다. 그리하여 하나님 앞에 서기 전에, 자녀들과 제자들 앞에서 "나의 삶과 행동이 나의 유언이다"라고 고백할 수 있는 믿음의 용장들이 많이 배출될 수 있기를 간절히 바랍니다.

땅끝을 위하여 회복되는 공동체

복음의 원초적 목표

CHAPTER 10

정민영

코스타 국제이사. 위클리프성경번역선교회(WBT) 국제이사. 성경번역선교회(GBT) 대표 역임. 인도네시아 모스꼬나 부족 선교사 역. 합동신학원(M.Div.)과 미시간주 칼빈신학교(M.Th.) 졸업. 텍스사대학 언어학 석사(M.A.).

복음의 원래 모습은 구약의 언약입니다. 그 언약 안에 처음부터 복음, 민족, 그리고 땅끝이 동시에 함축되어 있었습니다. 복음을 조금 확대해서 민족을 생각하고 조금 더 확대해서 땅끝을 생각하는 순서적인 개념이 아닙니다. 복음은 처음부터 땅끝을 겨냥하고 있습니다.

창세기 12장 1-3절은 복음과 민족과 땅끝이라는 개념을 잘 담아낸 언약의 말씀입니다. 여호와께서 아브라함에게 하신 말씀입니다.

"여호와께서 아브람에게 이르시되 너는 너의 고향과 친척과 아버지의 집을 떠나 내가 네게 보여줄 땅으로 가라 내가 너로 큰 민족을 이루고 네게 복을 주어 네 이름을 창대하게 하리니 너는 복이 될지라 너를 축복하는 자에게는 내가 복을 내리고 너를 저주하는 자에게는 내가 저주하리니 땅의 모든 족속이 너로 말미암아 복을 얻을 것이라 하신지라"(창 12:1-3).

복음의 원래 모습

1절은 아브라함을 부르신 말씀입니다. "너의 고향과 친척과 아버지의 집을 떠나 내가 네게 보여줄 땅으로 가라"고 하십니다.

메소포타미아에서 잘 먹고 잘 살던 아브라함입니다. 우리는 이 부르심의 말씀을 통해서 복음이 단순히 우리가 원하는 세상 어디인가에서 평안하게 살면서 성공을 거두는 것이 아니라는 것을 짐작할 수 있습니다.

아브라함이 살던 메소포타미아는 인류 문명 3대 발상지 중의 하나입니다. 유프라테스와 티그리스라는 두 큰 강의 어귀에 있는 메소포타미아는 상류에서부터 쓸고 온 비옥한 물이 모여 델타 삼각지를 만들어내는 곳에 있습니다. 메소포타미아라는 말이 '두 강 사이'라는 뜻입니다. 우리가 만약 아브라함 시대에 태어났다면, 우리가 살고 싶은 곳이 아마 메소포타미아였을 겁니다.

그런데 거기에 살고 있는 아브라함을 불러내시는 것입니다. 떠나라고 하십니다. 여기에 숨은 복음의 역설을 이해해야 합니다. 우리가 복음을 안다고 착각하기 전에, 우리가 기대하는 그 복음의 진실이란 우리의 기준에 좋은 소식과 다르다는 사실을, 이 복음의 원형인 언약에서 이미 말하고 있음을 깨달아야 합니다.

2절은 언약 공동체를 이루실 것을 말씀하고 있습니다.

"내가 너로 큰 민족을 이루고 네게 복을 주어 네 이름을 창대하게 하리니 너는 복이 될지라"(창 12:2).

현대 사회는 개인주의가 지나치게 발달했습니다. 우리 모두가 개인주의의 바이러스에 감염되어서 기독교의 영성조차 개인주의적인 관점에서 곡해되고 축소되는 시대입니다. 그러나 창세기 12장 2절 말씀을 보면 복음의 원형은 처음부터 집단을 겨냥했고 민족을 담아내고 있었다는 점을 알게 됩니다. 이미 복음 안에 민족이 담겨 있었습니다.

아브라함의 후손인 히브리인도 '멀리 이방 땅에서 이주한 사람들'이라는 뜻이 있습니다. 이스라엘 사람들이 팔레스타인의 원주민이 아니었습니다. 원래부터 존재했던 종족이 아닙니다. 하나님이 아브라함을 목적을 가지고 부르셨듯이, 아브라함의 후손을 통해 하나님의 궁극적인 목적을 이루기 위해서 히브리 민족을 형성하신 것입니다. 다시 말해, 언약의 성취를 위해 하나님이 도입하신 방식이 바로 언약 공동체를 형성하는 일이었습니다. 그래서 아브라함에게 "너로 큰 민족을 이루고"라고 약속하신 것입니다.

3절은 이 언약의 전체적인 결론입니다. 언약을 통한 축복의 목적과 대상이 땅 위의 모든 백성이라는 것입니다. 그래서 히브리 민족뿐만 아니라 모든 민족이 복을 받게 됩니다. 하나님의 선택이 히브리 민족만 해당하는 배타적인 선택이 아니었음을 알 수 있습니다.

그러므로 구약의 이 언약과 같이 하나님의 복음에는 포괄성이 있습니다. 이 언약 안에 우리가 지금 추구하는 복음과 민족과 땅끝이라는 개념이 함축적으로 잘 담겨 있는 것입니다.

은혜로운 역설, 은혜의 비논리

하나님이 자기 피조세계를 사랑하셨다고 성경은 말합니다. 하나님의 속성을 잘 드러내는 여러 단어들이 있지만, 하나님의 사랑이야말로 하나님의 속성을 가장 잘 보여주는 것입니다. 그런데 우리가 세상에서 보는 수많은 신화들이나 세속 종교의 신들은 군림하고 학대하고 주장합니다. 그래서 무서워서라도 경배할 수밖에 없는 신으로 군림합니다.

만일 천지를 창조하신 하나님이 그 권세와 권위를 가지고 굴종을 강요하신다 해도 상관없습니다. 하나님은 충분히 그럴 자격이 있으신 분이며 우리는 피조물로서 그분을 경배하는 것이 당연합니다. 그런데 그런 하나님이 우리를 너무나 사랑하셔서 독생자를 주셨다는 것입니다.

"하나님이 세상을 이처럼 사랑하사 독생자를 주셨으니 이는 그를 믿는 자마다 멸망하지 않고 영생을 얻게 하려 하심이라"(요 3:16).

죄로 인해 영원한 사망을 향해 가는 피조 세계를 쓸어버리지 않으시고 그 해법을 친히 내셨습니다. 그것이 바로 예수 그리스도를 통한 구원이라는 복음의 은혜로운 역설(paradox)인 것입니다.

하나님 자신이 우리를 사랑하셔서 하나님 자신을 내어주셨다니, 이런 역설이 어디에 있습니까? 세상에 그런 종교가 어디 있습니까? 기독교도 종교의 축에 든다고 한다면, 세상에 이런 종교는 없는 것입니다. 어찌 천지를 창조하신 하나님 자신이 십자가에서 죽으실 수 있다는 말입니까. 어떤 종교의 달인이 이런 기발한 생각을 해내겠습니까. 우리의 논리를 뛰어넘는 불가능한 일입니다.

그래서 필립 얀시는 복음을 '은혜의 비논리'(illogic of grace)라고 말했습니다. 이 은혜의 비논리성에 대해 놀라지 않을 수 없다는 내용으로 책도 썼습니다. 감히 복음의 은혜를 이해한 사람이라면 얀시처럼 말해야 할 것입니다. 하나님께서 예수 그리스도를 통해 보여주신 이 형용할 수 없는 하나님의 지독한 사랑이 우리를 놀라게 합니다.

그러므로 모든 종교가 다 똑같다고 말할 수는 결단코 없는 것입니다. 이런 종교는 있을 수가 없습니다. 십자가의 도가 정말 복음이라면 천상천하에 구원을 받을 만한 다른 이름이 있을 수 없다는 말이 맞습니다. 있어서도 안 되는 것입니다.

"다른 이로써는 구원을 받을 수 없나니 천하 사람 중에 구원을 받을 만한 다른 이름을 우리에게 주신 일이 없음이라 하였더라"(행 4:12).

하나님이 내신 해법 외에는 다른 길은 있을 수 없는 것입니다. 만일 다른 길이 있을 거라고 추정한다면 그것은 하나님의 은혜를 전혀 모르는 몰이해요 몰염치에 불과한 것입니다.

어떻게 다른 해법이 있을 수 있습니까. 그런 사랑을 베푸신 하나님 앞에서 다른 길이 있다고 어떻게 감히 말할 수 있습니까? 어떻게 사람이 노력으로 선을 쌓을 수 있으며 적선(積善)을 통해 극락에 이른다는 말을 할 수가 있습니까? 그것은 우리가 타락한 상태의 심각성에 대해 아주 무지하기 때문입니다. 헤아릴 수 없는 하나님의 은혜의 놀라움에 대한 무지 때문입니다.

당신이 이 복음에 올인(all in)하고 받아들이는 일은 이 시대에 가장 중요한, 가장 선명한 복음을 증거할 수 있는 기본 중의 기본입니다. 다른 방법이 있는 것이 아닙니다. 그래서 예수님께서 "내가 곧 길"(요 14:6)이라고 말씀하신 것입니다.

복음 앞에 마땅히 서야 합니다

지금은 모든 것을 상대화하는 포스트모던 시대입니다. 절대 진리는 없다고 믿고, 종교를 전하지 말고 개인의 영역으로만 가지고 있으라고 강요하는 시대입니다. 이것도 좋고 저것도 좋고, 모로 가도 서울만 가면 된다고 하는 빗나간 시대입니다. 진리가 빠진 포용을 너그러움으로 가장하여, 모든 것을 수용하는 것이 미덕인 양 착각하도록 만드는 시대에 우리의 젊은이들이 살고 있습니다.

그런데 "내가 곧 길이다"(I am the way)라는 말은 그 자비롭고 온유하고 겸손하신 주님께서 하신 말씀입니다. '오직 그 길뿐'(the way)이지 '길 중의 하나'(a way)가 아닙니다. 주님이 교만해서가 아닙니다. 다른 길은 없기 때문입니다. 기독교인들이 오만하고 교만해서가 아닙니다. 다른 진리는 없습니다. 예수 그리스도가 하나님이 주신 유일한 해법이기 때문입니다.

그러므로 십자가는 하나님의 사랑의 궁극적인 표현입니다. 하나님의 사랑과 하나님의 공의라는, 서로 공존할 수 없어 보이는 하나님의 두 요구가 완벽하게 만족된 장소가 십자가입니다. 그래서 십자가는 하나님의 사랑의 표현이자 하나님의 공의의 표현입니다.

인간과 달리 하나님은 죄를 간과하실 수 없습니다. 죄의 삯은 사망이기 때문에, 피 흘림이 없이는 죄 사함이 없기 때문에, 우리가 우리의 죄를 맞닥뜨리지 않고, 하나님이 우리의 죄의 문제를 정통으로 다루심 없이 그냥 우리를 용서하신다면 하나님은 공의의 하나님이 아니십니다. 사랑과 공의, 하나님의 딜레마입니다.

그런데 하나님께서는 스스로 십자가에 죽으심으로 그 딜레마를 해결하셨습니다. 우리가 헤아릴 수 없는 하나님의 은혜입니다. 그 은혜로운 역설이 바로 복음입니다. 따라서 그토록 지독한 사랑을 베푸시는 하나님 앞에서, 우리가 그분의 사랑의 부르심에 응하는 것을 무슨 선심 쓰듯 생각해서는 결코 안 됩니다.

아무리 존경할 수 없는 부모라 할지라도, 그래도 부모이기 때문에 그 부모를 거스르거나 학대하는 자식은 호래자식이라고 사회가 징벌합니다. 짐승이 아니고 사람이라면 자기를 낳아준 부모를 그렇게 대해서는 안 된다는 사회의 준엄한 눈과 심판이 있는 것처럼, 나아가서 천지를 창조하신 하나님이 자기 독생자를 십자가에서 죽게 하시면서까지 우리를 사랑하셨는데, 그 사랑의 부르심을 어느 누가 감히 거부한다는 말입니까? 이것은 천륜(天倫)이지요.

그러므로 누구라도 그리스도의 초청에 응하지 않는다는 것은 옳지 않습니다. 악한 일입니다. 당신이 예수를 믿어주는 것이 아닙니다. 당신이 복음 앞에 마땅히 서야 되는 것입니다.

헤아리기 어려운 복음의 값어치

그런 한편, 어느 날 아브라함에게 하나님이 찾아오신 것처럼 불현듯 당신을 찾아온 이 놀라운 복음이 당신 개인만을 위한 것이라고 생각했다면, 당신은 그리스도의 피 값이 얼마나 값어치가 있는지를 모르는 무식함을 드러내는 것입니다. 요한계시록 5장 9절은 말합니다.

"그들이 새 노래를 불러 이르되 두루마리를 가지시고 그 인봉을 떼기에 합당하시도다 일찍이 죽임을 당하사 각 족속과 방언과 백성과 나라 가운데에서 사람들을 피로 사서 하나님께 드리시고."

모태신앙이든, 청소년기에 주님을 영접했든, 어느 날 놀라운 하나님의 은혜를 절감하고 예수 그리스도를 영접했다면, 당신이 그때부터 깨달아야 할 것은 그 피 값이 당신 한 사람 정도를 구원하는 값싼 복음이 아니라는 사실입니다.

어느 날 예수 만나 재수 좋게 천국행 급행 티켓 하나를 받는 것이 복음이 아니라는 말입니다. 복음이 곧 하나님나라임을 호소하는 이유가 여기에 있습니다. 예수 천당, 불신 지옥이 복음의 전부가 아닙니다. 공동체를 향한 목적이 있는 부르심은 바로 여기에서 출발하는 것입니다.

하나님은 위대한 하나님의 피조 세계의 회복을 계획하고 계셨습니다. 그래서 아브라함에게 접근하신 것입니다. 아브라함을 편애해서가 아니라 아브라함과 그 후손인 히브리 민족을, 온 백성을 사랑하고 구원하기 위한 도구로서 언약 공동체로 삼으신 것입니다. 다시 말하지만, 복음은 처음부터 공동체를 지향합니다. 그런데 슬픈 사실은 이 시대는 교회조차 공동체성을 잃었다는 것입니다. 진정한 복음을 잊어버렸기 때문입니다.

  복음은 죄로 인해 하나님과 사람 사이에 깨어진 관계를 회복합니다. 그래서 하나님과의 관계를 먼저 회복합니다. 그리고 깨어졌던 이웃과의 관계도 회복합니다. 아담의 죄로 하나님 사이의 관계가 깨어지고 그 결과 아담의 자식들끼리 서로 싸우고 죽이는, 깨어진 이웃 사이의 관계가 회복되는 것입니다. 그래서 복음은 화해이며 회복입니다.

  천지를 창조하신 하나님이 그 형상을 쫓아서 우리를 만드셨는데, 우리가 죄로 인해 하나님과의 관계가 깨어지고 말았습니다. 인간 세계 속에서 부모님과 자식 사이의 관계가 소원해지거나 형제간의 관계가 멀어질 때 느끼는 비참함을 아십니까? 죄의 결과는 그렇게 드러나는 것입니다. 사실은 어느 누구보다도 하나님 스스로가 사람과 멀어진 관계를 견디실 수 없었습니다. 당신이 시집, 장가가서 자녀를 낳아 보십시오. 자녀와 멀어지는 것을 가장 못 견디는 부모의 심정을 언젠가 알게 될 것입니다.

  구원이라는 것은 깨어진 관계의 회복인 것입니다. 깨어진 하나님과의 관계 회복은 필연적으로 이웃과의 관계 회복을 낳는 것입니다. 그래서 처음부터 복음은 공동체적입니다. 하나님은 인간을 만드실 때 처음부터 공동체를 만드신 것입니다. 힌지로 인간(人間)이란 사람과 사람 사이, 즉 그 말 자체가 공동체입니다.

  하나님의 영원한 계획 속에 하나님이 의도하신 공동체가 이미 들어 있었던 것입니다. 하나님이 원래 의도하신 공동체의 맛을 보는 것이 가정이고, 좀 나아가면 친척이고, 그리고 나라인 것입니다.

그런데 그 관계가 깨어진 것을 회복하는 것이 하나님의 구원이라면, 교회의 교회됨이란 어떻게 드러나야 하는 것일까요? 세상 모임과 그리스도인들의 모임에 어떤 차별화가 있어야 할 것인지는 더 길게 설명하지 않아도 짐작하실 것입니다.

복음은 공동체를 지향한다

세상은 깨어진 공동체의 아픔 때문에 몸서리를 치고 있습니다. 가장 천국을 닮아야 할 가정이 가장 결손되어 있고 가장 상처를 주는 장소로 변하고 있습니다. 인생 저 밑바닥에서부터 터져 나오는 비명의 근원이 알고 보면 대부분 가정입니다.

복음은 원래 하나님께서 의도하신 공동체를 회복합니다. 교회를 몸이라고 말하지 않습니까? 온 몸의 우선순위가 무엇입니까? 우리 몸에 조그마한 상처 하나만 생겨도 온 몸이 비명을 지르면서 열병을 앓습니다. 발끝에 있는 상처 하나 때문에 머리가 지끈거리면서 온 몸이 그 지체의 회복을 우선순위로 정해서 전력 질주하지 않습니까? 이런 모습이 복음의 결과로서의 공동체입니다.

성경의 시각은 개인이 아니고 항상 공동체입니다. 전체주의처럼 각 개인을 무시하는 것이 성경의 관점도 물론 아닙니다. 성경은 각 지체를 존중합니다. 그래서 은사론과 교회론이 있습니다. 예수 그리스도를 머리로 아는 몸 안에 다양한 지체가 있습니다.

공산주의나 전체주의에서 말하는 것처럼 전체를 위해 개인이 희생

되고 부속품처럼 인격이 모독을 당하는 것은 성경적이지 않습니다. 성경의 시각은 개인을 존중합니다. 아무리 보잘것없어 보이고 세상에서 덜 중요하게 생각하는 지체라 하더라도 가장 중요한 지체가 될 수 있는 곳이 교회입니다. 모든 지체가 유기적으로 한 몸을 이룬다는 관점입니다. 그래서 개인이 주님을 만나는 것 같아도 사실은 그리스도의 몸 안에서 유기적인 지체로서 접합이 되어 하나님 앞에 서는 것입니다. 이것이 예수를 믿고, 세례를 받고, 공동체의 성만찬 의식에 참여하는 이유입니다. 기독교 신앙은 이렇게 개인을 존중하지만 그렇다고 개인적이지는 않습니다. 예수를 믿는 순간 그리스도의 몸이라는 위대한 유기적인 한 몸에 들어가는 것이기 때문입니다.

이렇게 복음은 처음부터 공동체적이었는데, 우리의 문제는 복음을 해체해놓았다는 것입니다. 산업혁명 이후로 극단적인 공동체 해체작업이 일어났습니다. 도시라는 괴물이 자연공동체를 다 망가뜨려 놓았습니다. 시골에 살던 분들은 알 수도 있습니다만, 처음부터 도시에서 태어났다면 그런 공동체를 이해하기 어렵습니다. 모래알이 아무리 많이 있어도 찰흙 같은 공동체가 되는 것은 아닙니다. 그래서 우리는 공동체를 배워야만 합니다.

무엇보다 땅끝을 지향하는 복음의 개념을 이해하려면 우리기 공동체가 되는 비법부터 배우지 않으면 안 되는 것입니다. 왜냐하면 불신자가 예수를 믿을 때, 개인이 혼자 주님께 돌아오는 것으로 끝나지 않기 때문입니다. 우리는 그렇게 생각하는 경향이 있지만, 사실은 그들이 그리스도의 공동체에 접목되는 것입니다. 중요한 사실은 우리가 공동체가 아니라면 그들이 접목될 수 없다는 사실입니다.

우리가 어렵게 개인 전도를 해서 교회로 데리고 옵니다. 처음에는 그 사람들이 예수 믿는 것 같습니다. 그 사람들이 예수 믿기로 하고 처음 교회에 나올 때는 환영하고 야단법석을 떱니다. 그러나 한두 달 후에 그 사람이 어떻게 되는지는 관심이 없습니다. 그래서 대부분 다시 옛날 상태로 돌아가버린 사실에 대해서는 아무도 모릅니다. 우리가 언약 공동체라는 중요한 개념을 전혀 모르고 있기 때문입니다.

땅끝을 품으면 민족도 품게 된다

"나하고 한민족이 무슨 상관이 있습니까?"라고 묻기 전에 복음이 본질적으로 우리에게 무엇을 회복하라고 하는지, 당신이 그리스도 안에 있음으로서 누구를 품어야 되겠는지를 먼저 물어야 할 것입니다. 우리가 땅끝까지 품어야 하는 것이 복음의 본질이라면, 하물며 내 민족을 품는 것은 당연지사 중의 당연지사가 아니겠습니까?

그래서 한국 초대교회를 보면 신앙공동체가 민족공동체를 가장 확실하게 보듬었던 모습을 보게 되는 것입니다. 부흥의 주역인 길선주 장로님이 삼일운동 33인 중의 한 사람이 될 수밖에 없었던 것은 복음이 갖는 공동체성의 회복에 대한 깊은 이해에 근거한 것입니다. 공동체인 한민족이 회복되는 것이 중요했기 때문입니다.

당신이 속해 있는 지역교회 공동체가 규모의 크고 작고를 떠나서 강력한 사회적 흡입력을 갖고 있지 않다면 복음 주변에서 서성거리는 사람들을 빨아들일 수 있는 힘을 상실할 것입니다.

신앙을 갖는 일이란 어쩌면 어떤 논리나 이야기를 듣고 지적으로 합의하는 것이 아니라 새로운 공동체에 빨려 들어가는, 즉 접목(attachment)되는 것이라고 할 수 있습니다. 그러므로 내가 속한 공동체 교회가 강력한 흡입력을 가진 매력 있는 공동체가 되어야 한다는 것입니다.

예를 들어 신입생이 대학에 와서 어떤 동아리에 소속하게 되는 과정을 생각해보십시오. 어떤 동아리가 가진 매력, 즉 나를 빨아들이는 흡입력을 가졌기 때문에 들어가게 되는 것이지 그 동아리가 추구하는 사명 선언문 때문에 가입하는 것은 아닙니다.

사람들이 지역교회를 선택할 때도 마찬가지입니다. 끌리는 곳에 사람이 나오게 되어 있습니다. 하나님이 사람을 사회적인 동물로 만드셨기 때문입니다. 그리고 사람 자체가 사랑의 공동체에 소속하기를 원하기 때문입니다.

온라인 세대는 남들과 함께 있는 것을 껄끄러워 합니다. 모르던 사람끼리 한 자리에서 밥 먹는 것조차 불편할 정도로 공동체성이 해체돼버린 이 시대에, 차라리 그냥 컴퓨터 모니터 앞에서 열 시간이고 스무 시간이고 앉아 있는 게 훨씬 더 편하다고 생각합니다. 그럴 정도로 인간성과 공동체성이 파괴돼버린 이 시대에 복음의 능력이 어떻게 나타나야 할 것입니까?

교회의 미래는 이미 양의 우리 안에 들어와 있는 사람들에게 있지 않습니다. 교회 밖에서 오후 5시에도 아직 일자리를 얻지 못해 방황하고 소외된 사람들을 기존의 신앙 공동체가 어떻게 흡입력을 가지고 다가가는가에 교회의 미래가 달려 있습니다. 교회 안의 기성세대나 차세대가 아니라 밖에 있는 사람들이 교회의 미래인 것을 이해해야만 하는 것입니다.

끈끈한 사랑을 가진 교회 공동체를 회복하라

지금도 제가 잊지 못하는 대화가 있습니다. 1984년, 제가 선교사로 훈련을 받고 있는 동안 북미주에 선교한국과 유사한 얼바나선교대회가 있었습니다. 그 선교대회에서, 60년대에 한국에서 선교사로 활동하셨던 간하배 선교사님을 만났습니다. 영어 이름은 하비 컨입니다.

강좌를 참석하고 난 다음에 그 분과 긴 이야기를 나눴습니다. 제가 영어를 잘해서가 아니라 그 분이 하도 한국말을 잘해서 오랜 대화가 가능했습니다. 저는 그 분이 그때 저에게 했던 이야기를 지금도 잊을 수 없습니다.

그는 미국 선교사의 대표도 아니지만, 그리고 제가 한국교회에 대표도 아니지만, 그 분은 한국에서 활동했던 미국 선교사로서 한국의 성도인 저에게 사과를 할 것이 있다고 하셨습니다. 깜짝 놀랐습니다. 제가 존경하는 선교사님이 제게 사과를 하겠다고 하니까요. 그 분이 사과하고 싶다는 말의 의미를 그때는 다 이해하지 못했지만, 제가 세월이 흐르면서 곱씹으며 생각해보게 되었습니다.

원래 한국의 문화는 대단히 공동체적인 문화였는데, 그 분을 포함한 서양 선교사들이 복음을 제대로 전했다면 한국교회가 대단히 공동체적인 교회가 됐을 것이라고 그는 말했습니다. 그러나 지독한 개인주의의 영향으로 영성조차 개인적인 차원에서만 이해하게 되었습니다. 그래서 혼자 있을 때는 믿음이 좋은 것 같은데 뭉쳐놓으면 문제가 생기는 것이 한국교회 영성의 특징이 되고 말았다는 것입니다. 그렇게 되어버린 한국교회를 향한 일종의 회한이었습니다.

한국교회가 이렇게 된 것이 어찌 그 분들만의 책임이겠습니까? 몇 십년 사이에 지독하게 빠른 고속성장을 하면서 한국 사회 자체가 급속도로 해체되었습니다. 공동체가 사라진 지 오래되었고, 도시의 익명성과 함께 대형 교회에도 익명성이 생겼습니다. 교회에 숨어 있으면 아무에게도 나를 보여줄 필요가 없습니다. 교회는 숨기 좋은 곳이 되었습니다. 이 정도의 해체된 공동체의 실력으로, 현상적으로 봐도 우리보다 훨씬 탁월한 이슬람 공동체를 바꾸겠다는 것입니까? 현상적으로 우리보다 훨씬 끈끈한 힌두교나 불교 공동체를 바꾸겠다고요? 우리가 땅끝을 말하기 전에 먼저 이 공동체 문제를 심각하게 다루지 않으면 안 되는 이유가 바로 여기에 있습니다.

저는 2009년 태국 파타야에서 열렸던 세계복음주의연맹 총회에서 이슬람의 근본주의 지하드의 지도자가 예수를 믿고, 얼굴을 가리고 간증하던 모습을 기억합니다. 많은 사람들이 경악할 정도로 놀라운 간증이었습니다. 간증이 끝나고 난 다음에 사회자가 그와 인터뷰를 했습니다. 어떻게 지하드의 리더로서 기독교 복음에 대해 마음 문을 열게 되었는지를 물었습니다. 그러자 그의 대답이 이러했습니다.

"저를 향해서 끊임없이 사랑을 베푼 어떤 기독교 신앙공동체에 대한 감동 때문이었습니다. 그들을 보면서 제 생애 처음으로 회교의 우마 공동체보다 훨씬 탁월하고 끈끈한 사랑을 가진 공동체가 가능하다는 것을 보았기 때문입니다."

흩어져야 살 수 있다

공동체가 중요한 것을 이해하게 되었다면, 이제 비로소 땅끝을 이야기할 수 있습니다. 땅끝으로 가려면 먼저 흩어져야 합니다.

세상의 개념으로 볼 때는 뭉쳐야 살지만 흩어져야 더 살 수 있게 되는 것이 기독교 복음과 선교의 역설입니다. 가진 것을 혼자 먹는 것이 아니라 사회를 향해 손을 펴고 세상을 향해 관대하게 베푸는 일이 축복인 것을 이제는 예수를 믿지 않는 사람들도 깨닫기 시작했습니다. 사회적 기업이 그런 것이고, 요즘에는 교회보다 일반인들이 더 많은 나눔을 실천하는 세상이 되는 것 같습니다.

100년 전, 우리 한민족 교회가 부흥할 때 오히려 흩어졌습니다. 경술국치(庚戌國恥)가 있었습니다. 우리 역사에서 지워버리고 싶은 100년 전의 역사입니다. 그런데 우연찮게도 바로 100년 전, 우리나라가 나라를 잃을 그때 스코틀랜드의 에든버러에서는 현대 선교 역사에서 가장 위대한 장이 열리고 있었습니다. 바로 에든버러선교대회입니다. 우연일까요? 이 두 가지를 어떻게 조합하면 좋을까요?

한민족이 잘 나갈 때, 그리고 사도행전의 예루살렘교회가 가장 모범적으로 크게 부흥할 때, 하나님께서는 조선에 핍박을 허용하시고 예루살렘교회를 흩으셨습니다. 이 흩으심의 역학을 이해해야만 땅끝이라는 개념을 이해할 수 있게 됩니다.

우리가 예수 잘 믿고, 한민족 잘 사랑하고, 국가를 위해서 봉사하는 정도로 복음이 머물러서는 안 됩니다. 하나님나라를 세워야 합니다. 땅의 모든 족속이 우리를 통해서 복을 받게 될 것이기 때문입니다. 한민족이 독식하거나 독점하는 복음은 없는 것입니다.

그래서 우리는 처음부터 팔을 펴야 하는 것입니다. 아브라함이 가장 선호하는 메소포타미아를 버릴 수밖에 없었던 것은 메소포타미아를 사랑하지 않아서가 아닙니다. 하나님의 시각에 자기의 시각을 맞추는 축복이 있었기 때문입니다.

예루살렘교회를 흩으심으로 디아스포라가 되는 일을 통해 사마리아로, 또다시 더 흩어서 안디옥으로, 그리고 안디옥교회가 부흥하고 자리를 잡을 때 또다시 그들을 흩으셔서 바울과 바나바를 보내시는 하나님의 끝없는 흩으심, 그것은 땅끝을 지향하기 위함이었습니다. 복음의 씨를 계속 뿌리기 위함입니다. 또한 이것이 디아스포라라는 말의 정의이기도 합니다. 디아스포라라는 말 자체가 씨 뿌림이라는 뜻을 갖고 있습니다. 마태복음 13장의 씨 뿌리는 자의 비유에 나오는 단어입니다.

농부가 씨를 뿌리는 것은 의도적인 행위입니다. 하나님의 영원한 계획 속에, 반만년 유구한 역사 속에 한 번도 흩어진 적이 없는 한민족을 흩어버리기 시작하신 것도 땅끝을 지향하도록 하기 위함이었습니다.

예수 그리스도를 통해서 구속하지 않아야 할 영역은 세상에 하나도 없습니다. 어떤 영역도 예수 그리스도의 구속의 대상이 아닌 것이 없습니다. 허드슨 테일러는 말했습니다.

"만일 하나님이 모든 만유의 하나님이 아니라면 하나님은 아예 하나님이 아니다"(If God is not god of all, He is not god at all).

그 하나님을 당신이 믿는 것입니다. 당신이 한국에 있든지 북한에 있든지 중국에 있든지 일본에 있든지, 어디에 있든지 하나님이 당신에게 주신 은사대로 당신을 땅끝까지 사용하실 것입니다. 당신은 땅끝 복음을 가지고 있는 사람이기 때문입니다. 그러므로 당신의 관점이 땅끝으로 가야만 합니다.

하나님나라의 건축자가 되십시오

창세기 17장은 이렇게 결론을 냅니다. 아브람이 아니고 아브라함이라고 하나님이 개명(改名)하셨습니다. 아브람이 혹시 복음과 언약을 히브리 안에 가둘까봐서입니다.

"너는 아브라함이다. 그리고 네 아내 사래는 사라다."

아브라함은 모든 민족의 아비, 사라는 모든 민족의 어미라는 뜻입니다.

당신이 비록 지금 현상적으로는 한반도의 어떤 지역 교회에 몸담고 있다 하더라도, 당신의 일터가 한국에 있는 어떤 회사의 작은 한 부분이라 하더라도 기억할 것이 있습니다. 하나님이 당신을 하나님나라의 건축자로 부르고 계시다는 사실을, 당신을 통해 모든 민족이 축복을 받게 될 것이라는 사실 말입니다.

온 우주의 창조자이시며 온 우주 삼라만상으로부터 영광을 받으시고 예배를 받으시기 합당하신 그 하나님이 비로소 하나님 되는 날이 올 것입니다. 당신이 하나님 앞에 서게 되는 그날까지, 당신의 역할을 충성스럽게 감당하는 킹덤빌더(Kingdom Builder)로서, 하나님나라의 건축자로서 살아가기를 바랍니다.

꿈은 크게, 행동은 구체적으로

복음과 민족의 사람

CHAPTER **11**
이승장

코스타 국제이사. 예수마을교회 담임목사. 학원복음화협의회 상임대표. 월간 복음과상황 발행인(역임). 기독교대학인회(ESF) 총무(역임). 영국런던신학교와 대학원에서 성서해석학 수학. 런던갈보리교회 담임목사(역임).

저처럼 나이 70을 바라보는 세대는 '민족' 그러면 가슴이 떨려옵니다. 거기에다가 저는 '청년' 그러면 가슴이 또 떨려옵니다. 나이 든 세대들은 민족에 대해 매우 자연스럽게 이해가 되고 감동하지만, 과연 요즘 젊은 세대들에게 복음과 민족이라는 주제가 동일하게 느껴지고 전달될 수 있을는지요?

지금은 세계화 시대이고 요즘 젊은이 세대는 이중 언어권 속에서 살아갑니다. 그런 세대에게 '민족이란 무엇이고, 복음 안에서 민족에 대한 사랑을 어떻게 이해해야 할 것인가? 복음이 민족에게 어떤 영향을 끼칠 수 있는가?'라는 질문은 아무래도 멀게 느껴질 것 같습니다.

복음과 민족의 관계

복음과 민족에 대해 사도 바울이 한 말을 중심으로 생각해보기를 원합니다. 사도행전 28장 20절입니다.

"이러므로 너희를 보고 함께 이야기하려고 청하였으니 이스라엘의 소망으로 말미암아 내가 이 쇠사슬에 매인 바 되었노라."

사도행전은 복음이 예루살렘으로부터 땅끝까지 전해지는 시작과 그 과정을 기록한 책입니다. 마지막 장인 28장은 사도 바울이 천신만고 끝에 죄수의 신분으로 로마에 도착한 상황에 대한 기록입니다. 바울이 로마에 도착해서 가장 먼저 한 일은 유대인 지도자들을 초청한 것입니다. 그들에게 자신이 왜 쇠사슬에 매인 죄수의 몸으로 로마까지 오게 되었는지를 설명하는 것입니다. 그런데 그 이유가 이스라엘의 소망 때문이라고 말합니다. 이 말 한 마디에 사도 바울의 신학이 전부 담겨 있고, 바울의 선교의 열정과 비전과 전략이 모두 숨어 있습니다. 그런데 하나님이 이스라엘에게 두신 소망이란 과연 무엇일까요?

출애굽기 19장을 보면 하나님이 아브라함을 택하여 이스라엘 민족을 형성할 때 하나님이 주신 약속의 말씀이 기록돼 있습니다.

"세계가 다 내게 속하였나니 너희가 내 말을 잘 듣고 내 언약을 지키면 너희는 모든 민족 중에서 내 소유가 되겠고"(출 19:5).

이스라엘 백성이 하나님의 말을 잘 들으면 거룩한 백성, 하나님의 소유 된 백성, 그리고 제사장 나라가 될 것이라는 약속입니다. 제사장이란 온 백성들의 죄를 대신 진 제물을 하나님 앞에 바쳐서 하나님과 백성들을 화해시키는 중보자의 역할을 합니다.

온 세상 만민들이 다 하나님께 반역해서 죄 가운데 멸망해가고 있습니다. 하나님은 온 세상 만민을 그냥 간단하게 구원하실 수 있을 텐데도 오랜 역사를 통해서 하나님의 지혜대로 구원의 역사를 이루어가셨습니다. 사도 바울은 그것을 에베소서에서 '경륜(經綸)'(엡 1:9)이라는 말로 표현합니다.

인류를 구속하려는 하나님의 경륜은 무엇일까요? 그것은 바로 한 가정과 한 민족을 먼저 하나님의 말씀대로 사는 백성, 즉 제사장 나라로 삼아 그들을 통해 온 세상 만민들을 건지시려는 것입니다. 이것이 바로 하나님이 이스라엘 민족에 두신 소망입니다. 사도 바울이 로마에 온 이유가 바로 이것 때문이었습니다.

그런데 이런 웅대한 소망을 품고 로마까지 온 사도 바울이 구체적으로 한 일이 무엇입니까? 그것은 죄수의 신분으로 셋집에 살면서, 그를 찾아오는 모든 사람에게 하나님나라의 복음을 증거하고 예수에 관한 것을 가르친 일이었습니다.

바울이 전한 복음은 그냥 예수 믿고 구원 받는 데 그치는, 개인의 영혼과 개인의 경건에 국한하는 복음이 아니었습니다. 사도 바울이 생명을 걸고 로마까지 와서 증거한 복음은 '하나님나라'와 '예수'에 관한 것이었습니다.

사도 바울이 전한 복음과 오늘날 한국교회에서 처음 교회에 나온 사람들에게 가르치는 복음 사이에는 상당한 차이가 있습니다. 강단에서 전파하는 메시지와 선교단체에서 전하는 개인 전도의 내용, 즉 우리가 일반적으로 이해하는 복음의 내용이 사도 바울이 증거한 복음에서 많이 멀어져 있는 것 같습니다.

사라져가는 예수의 복음

저는 어린 시절부터 교회를 다녔습니다. 6·25 전쟁 당시, 제주도 서귀포에 많은 피난민들이 몰려왔습니다. 그 시절 제가 다니던 교회에는 정말 눈물로 기도하는 목회자들과 예수 잘 믿는 분들이 많았습니다. 그 분들의 기도제목은 한결같았습니다.

"민족의 죄를 용서해주시고, 빨리 전쟁이 그치게 해주시고, 헤어진 가족을 다시 만나게 해주시고, 통일이 이루어지게 해주십시오."

새벽기도 시간에는 물론 낮이고 밤에도 눈물로 기도하는 내용이 전부 그런 것이었습니다.

그런데 사람들이 어느 정도 살게 되면서부터는 개인이 예수 믿고 구원 받고 천당 가는 것이 기독교 복음의 거의 전부라고 이해하는 사람들이 대부분이 되고 말았습니다. 그러나 우리가 믿는 복음은 거기에 그치지 않습니다. 하나님나라의 복음이란 내가 구원 받아 천당 가고 이 땅에서 복 받는 것으로 끝나는 것이 아닙니다.

코스타에서 증거하려고 애쓰는 복음이 바로 사도 바울이 로마까지 가서 전한 하나님나라의 복음이요 예수의 복음입니다. 그런데 오늘날 수많은 강단에서 예수님이 사라지고 있습니다.

저는 두 달 동안 안식기간을 가지면서 몇몇 교회를 다녀보았습니다. 그런데 마지막에 "예수님의 이름으로 기도합니다"라고 할 때 외에는 예수 이름이 한 번도 나오지 않는 설교도 있었습니다. 우리나라 성도들이 복음서를 너무 모르고 있습니다. 마태복음, 마가복음, 누가복음, 요한복음을 한 번이라도 제대로 연구해본 청년들이 그리 많지 않아 보입니다.

예수 믿고 구원 받는 건 좋아하지만, 예수님이 증거한 하나님나라의 복음이 무엇인지 알지 못할 뿐 아니라 예수님의 생애조차도 너무 모릅니다. 복음이 무어냐고 물으면 예수 믿고 천당 가는 것만 생각하지, 하나님이신 예수님이 사람이 되어서 말구유에 오신 겸손이 무엇이고, 그 성육신(聖肉身)의 구체성과 실천적인 내용의 의미가 무엇인지 알지 못하는 사람들이 너무 많습니다.

그래서 교회를 섬긴다고 하더라도 상업주의적인 철학을 가지고 엔터테인먼트 운영하듯 일합니다. 예수의 삶과 정신이 빠진 교회와 그리스도인들이 얼마나 많은지 모릅니다.

예수 따라가려면

우리가 예수 믿고 구원 받는 것은 기초입니다. 그런 다음 우리의 삶의 모든 목표는 예수를 닮아가는 것이어야 합니다. 예수님이 게네사렛 호숫가에서 제자들을 부르실 때 제일 먼저 하신 명령이 무엇입니까? "나를 따르라"(Follow me)였습니다. 예수님을 따르는 삶이란 영적인 차원만이 아니라 내 삶의 모든 영역을 다 포함하는 것입니다. 우리는 예수님을 말이 아닌 발로 따라가야 합니다.

그러면 당신은 얼마나 '발로' 예수를 믿습니까? 기독교의 복음은 '복음을 전하는 자들의 아름다운 발'로 전파되는 것입니다. 사도 바울 역시 그 발로 로마까지 간 것이 아닙니까?

"보내심을 받지 아니하였으면 어찌 전파하리요 기록된 바 아름답도다 좋은 소식을 전하는 자들의 발이여 함과 같으니라"(롬 10:15).

그런데 요즘에는 발로 전해지는 복음이 없습니다. 예수께서 그러신 것처럼 가난한 자를 돌보고, 굶주린 자를 돌보고, 소외된 자들을 돌보고, 죄인의 친구가 되고, 약한 자들과 함께 사는 삶이 없습니다. 예수의 복음이 사라졌습니다.

저는 영국에서 15년을 살았는데, 영국의 목회자들이 그들이 목회하는 교회의 규모와 상관없이 준중형급 이하의 승용차만을 이용하는 모습을 보았습니다. 목회자로서 예수를 닮는 삶을 살아가려는 최소한의 몸부림이라고 이해되었습니다.

저는 영국에서 유명한 존 스토트 목사님이 사시는 집에도 들어가서 같이 지내보았습니다. (2011년 7월 27일에 돌아가셨지만) 90세가 다 되신 그 분이 마지막 유언처럼 이런 메시지를 전하셨습니다.

"하나님이 사람들에게 주신 궁극적인 목적(ultimate purpose)이 무엇인가? 그것은 예수를 본받는 것이다."

예수를 닮아가라는 말씀입니다. 예수를 닮아가려면 얼마나 몸부림치는 삶을 살아야 하는지 모릅니다. 세상과 얼마나 거꾸로 가야 되는지 모릅니다. 세상을 따르지 아니하고 거부하며 산다는 것이 얼마나 힘든 일입니까? 하지만 세상에서 예수의 복음을 따라 예수를 닮아가는 삶은 존귀합니다. 문제는 예수를 믿고 교회의 사역자가 되고 주님의 일을 하는 사람들조차 예수의 복음이 없어서, 예수를 닮는 삶을 알지 못하고 있다는 현실입니다.

예수의 복음은 십자가와 부활만이 아닙니다. 우리는 예수님의 생애와 예수님이 제자를 양성하신 과정도 알아야 하고, 예수님의 십자가와 부활도 증거해야 합니다. 그뿐 아니라 더 나아가 예수님의 승천하심까지 반드시 증거해야 합니다.

예수님이 지금 무엇을 하고 계십니까? 하나님 보좌 우편에서 우리를 위해서 기도하실 뿐만 아니라 인생의 생사화복을 주장하시고, 우주 만물을 보존하고 통치하고 계십니다. 그렇게 살아 계신 주님을 우리가 진정으로 믿고 의지하고 있느냐 하는 것이 문제입니다.

복음을 전체적으로 이해하라

사도행전을 보면 '높이 들리신' 예수에 대해 많이 가르칩니다. 높이 들린, 즉 승천하신 예수께서 성령을 보내시고, 성령의 충만함을 받은 사도들이 복음을 전했을 때 능력이 일어나고 회개의 역사가 일어났습니다. 그래서 주님의 교회가 세워진 기록이 바로 사도행전입니다. 그래서 어떤 면으로 보면 높은 보좌에 계시고 만왕의 왕이신 예수 그리스도께서 지금도 주님의 교회를 리모트컨트롤하고 계신 것입니다.

지난 월드컵 때 차두리가 열심히 뛰어다니는 모습을 보고 다들 아버지 차범근이 리모컨으로 원격 조종했다는 조크가 유행했습니다. 우리도 그렇게 살 수 없을까요? 교회도 하나님의 뜻대로 그렇게 조종을 받으며 살 수는 없을까요?

승천하시고 지금도 역사를 주관하시는 주님에 대한 소망이 왜 없습니까? 지금도 우리를 통치하는 주님이 위에 계신데, 왜 두려움과 떨림이 없습니까? 왜 그분을 의식하지 못하면서 삽니까? 승천하셔서 우리를 다스리시는 예수에 대한 이해가 없기 때문입니다. 복음에 대한 이해가 잘못 되었기 때문입니다.

뿐만 아닙니다. 승천하신 예수님이 다시 오셔서 당신의 나라를 완성하실 것이라는 사실도 믿어야 합니다. 그리고 온 우주를 새 하늘과 새 땅으로 새롭게 만들어내실 것도 믿어야 합니다. 이것이 복음을 전체적으로 이해하는 것입니다.

사도 바울은 하나님의 나라와 예수 그리스도에 관한 모든 것을 가르쳤다고 했습니다. 우리는 통전적이고 총체적인 예수의 복음을 전해야 합니다. 총체적인 복음을 알지 못하면 어떤 부분에만 매달리게 됩니다.

그렇기 때문에 우리는 예수 믿고 천당 가는 것으로 끝나는 사후(死後) 복음만 아는 것으로 끝나서는 안 됩니다. 예수 믿고 천당 가는 것으로 복음을 이해하고 말았기 때문에, 죽음 이후 예수의 부활승천과 재림, 그리고 그 이후에 이루어질 일들을 비전으로 보여주는 요한계시록이 무시당하는 책이 되고 있습니다. 이 또한 우리가 바른 복음을 알아야 할 이유가 됩니다.

코스타에서 강조하는 것이 바로 이와 같은 복음의 총체성입니다. 하나님나라입니다. 마가복음 1장 15절을 보면 예수님의 첫 번째 메시지가 바로 하나님나라에 관한 것이었음을 알 수 있습니다.

"이르시되 때가 찼고 하나님의 나라가 가까이 왔으니 회개하고 복음을 믿으라 하시더라."

사도행전의 마지막 절인 28장 31절을 보면 사도 바울도 하나님의 나라를 증거하고 주 예수 그리스도에 관한 모든 것을 담대하고 거침없이 가르친 것을 알 수 있습니다.

예수님이 이 땅에 오셔서 하나님의 대행자로서 하나님나라를 이루어 가실 때 복음을 전하시고 죄를 사해주셨습니다. 병을 고쳐 육체를 건강하게 하시고, 배고픈 사람들에게 먹을 것을 주셨습니다. 잘못된 정치집단과 종교집단의 타락과 구조악에 대해서도 강하게 도전하셨습니다.

우리는 하나님나라의 복음을 전할 때 하나님이 어떤 분이신지를 증거해야 합니다. 우리 주님이 얼마나 높고 위대하신 분인지를 알아야 하기 때문입니다. 하나님나라가 무엇인지 알아야 합니다. '나라'라고 하면 일반적으로 국가를 말하지만, 하나님의 나라는 하나님의 다스리심이 있는 것을 의미합니다.

그런데 오늘날 한국의 그리스도인들이 어떤 신앙생활을 하고 있습니까? 예수 믿는 청년들이라고 하면서도 생각하는 스케일이 크지 않습니다. 예수 믿고 복 받고 천당 가는 것을 복음의 전부라고 알고 있기에, 그 결과로 어쩌면 가장 이기적인 집단이 되고 있는 것은 아닙니까?

그리스도인에게 민족은 무엇인가?

이번에는 민족에 대한 질문을 해보려 합니다. 도대체 우리에게 민족이란 무엇입니까? 현재 한국관광공사의 사장은 독일 출신 귀화 한국인 이참 씨입니다. 그는 이미 오래 전에 귀화하여 완전한 대한민국 국민이 되었습니다. 어떤 면에서 보면 웬만한 한국 사람보다 한국을 더 깊이 이해하고 있는지도 모릅니다. 그렇다면 그는 우리 민족이 된 것입니까? 한국으로 시집 온 외국 출신 여성들이 많아졌습니다. 그들은 우리 민족입니까?

저 같은 세대에게는 민족이라는 단어가 혈연과 같은 언어와 문화와 역사를 가지고 있는 사람들로 국한되어 있습니다. 그런데 지금은 다문화 사회가 되었습니다. 대한민국 안에 백만 명이 넘는 다양한 인종의 외국인이 같이 살고 있습니다. 그래서 민족이라는 단어를 옛날처럼 단순하게 정의 내리기가 쉽지 않습니다.

중국의 연변과학기술대학교의 교수님들이 연변에 사는 한민족 중국인 청년들을 가르치고 있습니다. 그러면 한국과 중국이 국제 축구 시합을 할 때 그 대학교의 학생들이 한국 축구팀을 응원할까요? 국적이 중국이니까 중국 축구팀을 응원합니다. 그럴 때 보면 그들은 우리 민족이 아닌 것 같습니다. 축구 경기를 할 때 어디를 응원하느냐에 따라 민족이 갈리는 셈입니다. 우리도 마찬가지입니다. 브라질과 북한이 축구할 때 브라질 이기라고 응원하는 남한 사람들은 없습니다. 아무리 미워도 북한이 우리 민족이라고 생각하기 때문입니다.

이렇게 세계화가 되고 복잡해진 이 세대에는 지난날과 같이 혈연적인 민족론만으로 민족주의를 설명하기가 어렵습니다. 혈연적 민족주의뿐 아니라 정치시민적 민족주의를 강조하기도 쉽지 않습니다. 미국이나 프랑스를 가보면 너무나 많은 인종이 모여 살고 있습니다. 그래서 그들에게 '나라' 또는 '국가'를 강조하는 것은 쉽지만 '민족'을 말하기는 어렵습니다. 그만큼 서로의 피가 많이 섞이고 혈연관계가 복잡해졌기 때문입니다. 동유럽과 서유럽만 하더라도 민족의 개념이 서로 다릅니다. 그러니 동서양 사이에 민족을 생각하는 개념이 도무지 같을 수가 없습니다.

동북아에 위치한 아시아 국가들은 일반적으로 한 언어, 한 혈통, 한 문화 속에서 성장했기 때문에 민족이라는 개념이 자연스럽게 다가옵니다. 그러나 세계화 시대에는 통하지 않습니다. 그렇다면 지금은 민족주의가 유효하지 않다는 말입니까? 아닙니다. 유효합니다. 그러면 우리는 어떻게 해야 합니까? 예수 믿는 한국인으로서 어떻게 살아가야 하는 걸까요?

민족에 대한 성경적인 이해

과거 독일인들은 자기 민족의 우월성을 지나치게 앞세우다가 주변 나라들을 심히게 괴롭혔습니다. 일본이 그랬고 중국이 그랬습니다. 이것을 소위 '자기 민족 중심주의'(Ethnocentrism), 다른 말로 '닫힌 민족주의'라고 합니다. 그러나 우리는 이만열 교수님이 강조하신 '열린 민족주의'를 지향해야 합니다. 우리 민족을 소중하게 여길 뿐만 아니라 타민족도 동시에 소중하게 여기는 태도입니다.

제가 결혼을 해서 딸 하나와 아들 둘을 낳았습니다. 신림동에서 살

때, 큰아이가 옆집 아이에게 얻어맞고 울면서 왔습니다. 아빠인 내가 어떻게 해야 되겠습니까? 내 아들을 때린 놈을 때려야 하겠습니까? 하지만 나는 주의 종으로서 그럴 수가 없었습니다. 이야기를 들어보니 우리 아들이 잘못했습니다. 그래서 오히려 아들을 꾸짖었습니다. 하지만 아들을 꾸짖었다고 내가 옆집 아이를 내 아들보다 더 사랑했을까요? 말도 안 되는 소리입니다. 아들을 사랑하기 때문이었습니다. 이것은 나와 내 가족을 먼저 사랑하고, 마찬가지로 이웃도 사랑하라는 예수님의 말씀에 따른 것입니다.

예수님께서 가르쳐주신 대로, 우리 삶의 우선순위는 먼저 나와 나의 가정과 나의 민족에서 시작해야 합니다. 그리고 주변 국가와 다른 민족에게까지 사랑을 펼쳐나가는 것이 주님이 원하시는 경륜이라고 말할 수 있습니다. 이에 대한 성경적인 근거가 있습니다. 사도행전 17장 26절입니다.

"인류의 모든 족속을 한 혈통으로 만드사 온 땅에 살게 하시고 그들의 연대를 정하시며 거주의 경계를 한정하셨으니."

하나님께서는 모든 인류를 한 혈통으로 만드셨습니다. 그러나 그들 각각의 연대를 정하시고, 거주의 한계를 정해놓으셨습니다. 그렇게 정해놓으신 것이 바로 민족입니다. 그래서 하나님께서 인류를 민족 단위로 통치하고 계신 것입니다. 그러므로 우리가 자기 민족을 먼저 사랑하지 않고 인류를 사랑한다는 건 곤란합니다.

평양과학기술대학교를 건설하는 데 조금이라도 보탬이 되어보려고 전국 대학교의 학생선교단체 회원들을 대상으로 모금 운동을 전개한

적이 있습니다. 그런데 어떤 대학생은 아무리 생각해도 북한을 위한 마음이 움직이지 않는다고 고백했습니다. 왜 그런지 물어보았더니, 그 학생은 르완다에 다녀왔는데 그 나라 사람들은 너무 불쌍해서 눈물이 났지만 북한을 향해서는 눈물이 나지 않는다는 겁니다. 관심도 없다고 했습니다. 저는 큰 충격을 받았습니다. 제가 생각하는 것과 젊은이들이 생각하는 것이 너무 다르다는 것을 느꼈습니다.

그러나 젊은 세대들은 민족을 사랑해야 할 성경적 근거가 확실하다는 점을 반드시 기억해야 합니다. 하나님이 모든 인류를 한 혈통으로 만드신 것은 확실합니다. 그래서 세계시민주의를 말하고 온 세상 만민들에게 형제애를 가지고 대해야 한다는 것은 옳습니다. 그러나 그 인류를 구성하는 단위는 각각의 민족입니다. 우리는 한민족입니다. 민족은 끝날까지 사라지지 않습니다.

요한계시록 7장을 보면 이스라엘의 각 지파에서뿐 아니라 각 나라와 족속에서 큰 무리가 어린양 앞에 서는 모습이 묘사됩니다.

"이 일 후에 내가 보니 각 나라와 족속과 백성과 방언에서 아무도 능히 셀 수 없는 큰 무리가 나와 흰 옷을 입고 손에 종려 가지를 들고 보좌 앞과 어린 양 앞에 서서"(계 7:9).

하나님의 나라가 완성되면 민족 같은 것은 없어져도 될 것 같습니다. 그러나 이 말씀을 보면 '각 나라와 족속과 백성과 방언', 즉 모든 민족들이 다 나와 한 목소리로 하나님을 찬양한다고 합니다.

이것은 무엇을 말하는 것일까요? 민족이 하나님의 창조의 질서를 따라 만들어진 것이고, 하나님께서는 마지막까지 각 민족을 인정하시고 소중하게 여기신다는 것입니다. 그래서 민족 없는 인류란 없습니다. 각 민족에 대한 사랑 없이 인류를 사랑한다는 말은, 구호로는 가능할지 모르지만 현실적으로는 불가능합니다. 성경적이지도 않습니다.

우리가 사랑해야 할 민족

우리는 모세와 바울이 이스라엘 민족을 위해 자기 목숨까지 내놓으려 할 정도로 아주 강한 애착을 가지고 있었음을 성경을 통해 볼 수 있습니다.

모세는 이스라엘 백성을 멸하겠다고 분노하시는 하나님 앞에서 자기 이름이 사라질지언정 민족은 살려달라고 애원합니다.

"그러나 이제 그들의 죄를 사하시옵소서 그렇지 아니하시오면 원하건대 주께서 기록하신 책에서 내 이름을 지워버려주옵소서"(출 32:32).

사도 바울도 자신이 저주를 받아 그리스도에게서 끊어질지라도 민족의 구원을 원한다고 말했습니다.

"나의 형제 곧 골육의 친척을 위하여 내 자신이 저주를 받아 그리스도에게서 끊어질지라도 원하는 바로라"(롬 9:3).

이 말씀에서 '끊어진다'는 말은 매우 중요합니다. 바울은 이 말에 앞서 그 무엇도 우리를 그리스도에게서 끊어지게 할 수 없다고 말했습니다.

"높음이나 깊음이나 다른 어떤 피조물이라도 우리를 우리 주 그리스도 예수 안에 있는 하나님의 사랑에서 끊을 수 없으리라"(롬 8:39).

하나님의 사랑은 절대로 끊어지지 않습니다. 고린도전서 13장 8절도 "사랑은 언제까지나 떨어지지 아니하되"라고 말합니다. 그런 하나님의 사랑을 덧입은 모세나 바울 같은 사람이 민족을 위해서는 오히려 저주를 받고 하나님의 생명책에서 이름이 지워져도 상관없다는 정도로 민족에 대한 사랑을 표현한 것입니다. 이런 역설을 어떻게 이해해야 할까요? 복음에 기초한 민족 사랑은 이럴 정도로 깊은 것입니다. 이론화될 수 없는 역설 속에 민족에 대한 강한 사랑을 표현한 것입니다.

그런데 이 대목에서 한 가지 오해하지 말아야 할 것이 있습니다. 모세나 사도 바울이 그렇게 사랑해서 목숨을 걸겠다고 한 민족의 개념과, 지금 우리가 말하는 일반적인 민족의 개념을 문자 그대로 동일시해서는 안 된다는 것입니다. 구약 시대 이스라엘 민족 개념과 신약 시대의 민족 개념은 서로 다릅니다. 신약에 와서 구약의 이스라엘 민족을 대신하는 것은 바로 교회입니다.

구약의 이스라엘은 특별한 하나님의 언약공동체였습니다. 그러나 그들이 하나님과의 언약을 파기했기 때문에 하나님께서 새롭게 만드신 공동체가 교회입니다. 교회가 새로운 이스라엘인 것입니다.

그러므로 민족을 위해 목숨을 바친다고 단순하게 말하기 전에, 우리 주님이 피 값 주고 사신 주의 몸 된 교회를 위해 목숨을 바치는 것이 성경적이고 복음주의적이며 신학적으로 바른 견해임을 잊지 말아야 할 것입니다.

민족의 소망은 복음이어야

민족은 성경적으로 볼 때도 중요하며 그리스도인이 민족을 사랑하는 것은 당연한 일입니다. 하나님께서 세계를 경영하시는 경륜 가운데서도 민족 단위로 도우시기 때문입니다.

또한 복음이 어느 민족에게 들어가게 될 때는 특별한 상호작용이 일어납니다. 즉, 예수 그리스도와 민족의 문화가 서로 만나면 여러 가지로 변화가 일어나는 것입니다.

구한말, 나라를 잃은 우리 민족에게 복음이 들어왔을 때, 교회는 잃어버린 나라를 다시 세울 지도자들을 양성하기 위해 학교를 세웠습니다. 그런 비전을 어떻게 가질 수 있었을까요?

이상재 선생은 나이가 70이 넘도록 YMCA의 총무를 하면서, 전국 방방곡곡을 돌아다니면서 자그마치 250그룹 이상의 소그룹 성경공부를 인도했다고 합니다. 그런 분들이 한두 분이 아니었습니다.

그들이 복음을 영접한 후에, 왜 민족을 위해 그토록 자신을 헌신할 수 있었을까요? 이유는 간단합니다. 복음을 알기 전까지는 그 어디에서도 망해가는 민족을 위한 소망을 찾지 못한 것입니다. 절망하는 백성들의 아픔과 고통을 어디에서도 위로 받을 수 없었고, 어떤 출구도 없었기 때문입니다. 그때 복음이 들어온 것입니다.

복음은 그 자체에 능력이 있습니다. 하나님의 말씀은 살아있고 운동력이 있어서 변화를 시켜놓습니다. 새롭게 하는 것입니다. 창조해내는 것입니다. 그러므로 복음만이 죽어가는 민족을 변화시키고 살릴 희망이라고 본 것입니다.

복음이 들어오기 전의 조선 민족은 우상을 섬기고 첩을 두고, 도박하고 술 먹고 담배 피며 절망하고 있을 뿐이었습니다. 그러나 마치 38년 된 병자와 같은 조선의 백성들에게 어느 누가 소망을 줄 수 있었겠습니까? 그러나 하나님의 아들이신 예수님만이 38년 된 병자를 향해 "네가 낫고자 하느냐? 자리를 들고 일어나서 걸어가라"고 하셨던 것처럼, 그리스도의 복음만이 이 나라와 민족을 자립하게 하고 독립할 수 있는 능력이라고 믿었던 것입니다. 독립이 무엇입니까? 다름 아닌 스스로 서는 것입니다.

오직 복음만이 소망이었기 때문에 우리의 옛 어른들은 성경을 읽고 천로역정을 읽으면서 민족에 대한 소망을 찾은 것입니다. 그리고 그 말씀대로 살았습니다. 어차피 죽을 목숨이었기에 목숨을 걸었습니다. 그런 분들 때문에 오늘날 우리가 이처럼 복을 받고 사는 것입니다.

복음이 들어가서 민족을 변화시키든지, 아니면 세상이 교회를 변화시키든지 둘 중 하나는 하게 되어 있습니다. 130년 전에 우리 민족에 들어온 복음은 민족을 살리고 변화시켰습니다. 그 복음이 오늘날의 한국교회를 만들었고, 오늘날 한국 백성들에게 복을 주었습니다. 그런데 지금 우리 교회의 모습은 어떠합니까? 복음이 세상을 변화시키는 것이 아니라 교회가 세상에 잠식당하고 있지는 않습니까?

민족공동체이자 신앙공동체였던 이스라엘 백성들이 왜 멸망했습니까? 이유는 간단합니다. 가나안 땅에 들어가서 가나안 문화에 완전히 잠식당해버렸기 때문입니다. 가나안 종교는 혼합종교입니다. 바알과 아스다롯을 섬겼는데, 바알은 번영의 신이며 그 부인에 해당하는 아스다롯은 쾌락과 성을 상징합니다. 가나안의 종교는 부요와 성공과 쾌락과 권력을 좇도록 유혹했습니다. 모세와 여호수아 시대를 거쳐 하나님이 주신 젖과 꿀이 흐르는 가나안 땅에 들어왔지만, 이스라엘 백성들은 바알과 아스다롯을 같이 섬긴 것입니다.

이스라엘 백성이 여호와를 버린 것은 아니었습니다. 전쟁할 때는 하나님이 필요하니까 여호와를 믿고, 일상생활에서는 바알과 아스다롯을 섬긴 것입니다. 이것이 나라를 망하게 하고 민족을 망하게 하였습니다. 오늘날 한국교회와 그리스도인들의 모습은 어떠합니까? 우리도 그들처럼 종교적인 혼합주의에 빠져 있는 건 아닐까요?

우리는 조상 때부터 샤머니즘의 영향을 받아 현세의 복을 의지하는 종교적 심성을 가지고 있습니다. 거기에다 20세기를 지나 21세기에 접어들면서 서구의 자본주의 문화와 체제까지 더 거세게 들어오고 있습니다. 이에 따라 오늘날 젊은 세대들은 종적으로는 조상으로부터 내려온 샤머니즘 문화의 영향을 받고, 횡적으로는 서구의 물질주의와 쾌락 문화의 영향을 같이 받고 있습니다. 이 두 흐름이 현 세대 가운데 소용돌이를 일으키고 있습니다. 이런 소용돌이 속에 빠져 죽어가는 사람들이 우리 주위에 얼마나 많습니까? 혹시 당신도 그런 사람이라면, 당신을 깨워주고 살리고 새롭게 하는 복음의 능력을 경험하기를 바랍니다.

이 세대를 향한 소망

이사야서 2장 3절은 이렇게 말하고 있습니다.

"많은 백성이 가며 이르기를 오라 우리가 여호와의 산에 오르며 야곱의 하나님의 전에 이르자 그가 그의 길을 우리에게 가르치실 것이라 우리가 그 길로 행하리라 하리니 이는 율법이 시온에서부터 나올 것이요 여호와의 말씀이 예루살렘에서부터 나올 것임이니라."

여호와의 산에서부터 하나님의 말씀이 흘러나오게 될 텐데, 하나님의 말씀대로 사는 예수를 닮은 사람들이 모여 있는 곳으로 가보자는 꿈을 말하고 있습니다. 이것이 하나님나라의 구심력입니다.

이제 이 세대가 해야 할 중요한 일들이 많이 있습니다. 예수를 믿으면 꿈은 크게, 행동은 구체적으로 해야 합니다(Think Globally, Act Locally). 민족을 위해 큰 비전을 품고, 우리 자신과 교회를 위해, 정말 귀중한 일들을 해나가야 합니다.

예수를 본받는 사람들, 예수를 닮아가는 청년들을 키워내야 할 것입니다. 이 세상을 하나님나라로 바꾸어가는 비전을 가지고 실천하는 사람들을 길러내려는 것입니다.

로렌 커닝햄은 하나님나라를 세워나가야 할 일곱 가지 영역을 언급했습니다. 그것은 가족, 종교, 교육, 문화, 대중매체, 경제, 정부 등입니다. 그 가운데서 어떤 분야든지, 각자가 하나님이 주신 비전과 부르심을 따라 은사를 잘 활용하여 작은 일에서부터 하나님의 뜻을 이루어나아가고, 예수님을 닮은 인생을 살아가기를 바랍니다.

KOSTA 코스타 소개

코스타는 복음으로
민족과 땅끝을 섬깁니다!

1. KOSTA는 KOrean Students All Nations의 약자입니다.
1986년 미국 워싱턴 근교에서 홍정길 목사와 이동원 목사가 주축이 되어 약 200명의 학생들이 모이면서 코스타가 시작되었습니다. 이후 전세계로 코스타 운동이 확산되어 현재 30여 개의 도시에서 유학생과 이민 자녀들, 그리고 한국의 다음 세대를 섬기는 사역으로 성장하게 되었습니다.

2. KOSTA는 유학생선교운동이자 인재양성운동입니다.
유학생들은 조국 근대화와 더불어 한국 발전사에 중요한 역할을 해왔으며 앞으로도 그럴 것입니다. 유학이라는 특수한 환경 속에서 가난해진 마음으로 준비된 그들이 복음을 체험하고 영적으로 회복됨으로써, 그들이 말씀 안에서 기독교적 세계관을 새롭게 가지고 각자의 전문 영역에서 하나님나라를 구현하며 한국교회와 조국과 세계의 미래를 책임지게 될 것입니다.

3. KOSTA는 수양회운동이자 자원봉사운동입니다.
선교적 목표를 가지고 있는 코스타는 각 지역에서 1년에 한 번씩 수양회를 개최합니다. 유학생들은 3박 4일 혹은 4박 5일 동안 집중적으로 말씀을 듣고 세미나에 참여하며 기도하고 찬양하는 가운데, 인생의 전환점을 경험하게 됩니다. 이런 집회가 가능한 것은 전적으로 자비량으로 헌신하고 참가하는 100여 명의 강사들이 있기 때문입니다.

4. KOSTA는 전 세계 한민족 공동체를 섬기는 운동입니다.
유학생 사역으로 시작된 코스타는 현재 1.5세와 2세들, 나아가 이민자와 목회자와 선교사들까지 참여하고 있습니다. 단순한 유학생 수양회의 기능을 넘어 전 세계 한인교회와 선교단체, 크리스천 기업과 대학과 한국교회를 묶어주는 네트워크의 장이 되어가고 있습니다. 장차 통일 시대를 대비할 일꾼들도 코스타에서 나올 것입니다.

5. KOSTA는 연합운동입니다.
코스타는 교단과 신분에 상관없이 순수한 복음의 열정으로 뭉쳐진 연합사역으로서, 한국교회의 가장 성공적인 연합사역의 모델로 손꼽히고 있습니다. 세계교회에 한국교회가 내놓을 수 있는 가장 독특한 선교 모델이기도 합니다.

지역별 코스타 안내

청년 코스타
러시아(모스크바), 유럽연합(프랑크푸르트), 한국(서울, 부산), 대만(타이페이), 중국(북경, 상하이, 천진), 캐나다(토론토, 밴쿠버), 미국(인디아나폴리스, 시카고, 보스턴), 남미(상파울로), 일본(나고야), 필리핀(마닐라), 이스라엘(예루살렘), 뉴질랜드(오클랜드), 호주(시드니)

유스 코스타
캐나다(밴쿠버, 토론토), 호주(시드니), 중국(북경, 상하이), 필리핀(마닐라), 한국, 호주(퀸즈랜드), 유럽(파리), 말레이시아 & 싱가폴(쿠알라룸푸르), 뉴질랜드(오클랜드), 인도네시아(자카르타)

코스타 이사진과 고문

설립자 : 홍정길 목사(남서울은혜교회)

국제이사장 : 이동원 목사(지구촌교회)

국제부이사장 : 김동호 목사(높은뜻교회연합), 오정현 목사(사랑의교회)

이사 : 김원기 목사(워싱턴휄로십교회), 박성수 회장(이랜드그룹), 김규동 목사(요한동경교회), 이승장 목사(예수마을교회), 방선기 목사(직장사역연합), 유기성 목사(선한목자교회), 김창근 목사(무학교회), 황형택 목사(강북제일교회), 정민영 선교사(국제위클리프성경번역선교회), 곽수광 목사(21C푸른나무교회)

고문 : 김영길(한동대학교), 손봉호(희망정치연합), 이만열(전 국사편찬위원회), 정근모(한국제원자력대학원대학교 설립추진위원장)

※ 2011년 기준

코스타 후원 안내

CMS자동이체는 코스타 홈페이지(www.kosta.org)에서 가능합니다.
직접이체를 위한 계좌 하나은행(예금주 : 코스타) 241-91-000325304
코스타에 대한 각종 문의는 코스타국제본부로 해주십시오.

코스타국제본부 연락처

주소 서울시 서초구 방배3동 1027-5 SOVICO 빌딩 7층 (우) 137-851
전화 02-522-1687 | 070-8286-1687 팩스 02-3486-1687
이메일 kosta@kosta.org 홈페이지 www.kosta.org

복음이 나를 결정한다

초판 1쇄 발행	2011년 8월 22일
초판 3쇄 발행	2011년 10월 24일
지은이	홍정길·이동원·이용규 외
펴낸이	여진구
책임편집	이한민
편집 1실	안수경, 이영주, 김정우, 박민희
편집 2실	김아진, 최지설, 안동학
책임디자인	이혜영, 전보영 l 이유아, 정혜림
마케팅	김상순, 강성민, 허병용, 이기쁨
마케팅지원	최태형, 최영배, 이명희
제작	조영석, 정도봉
경영지원	김혜경, 김경희
이슬비전도학교	엄취선, 전우순, 최경식
303비전성경암송학교	박정숙, 정나영, 정은혜
303비전장학회 & 303비전꿈나무장학회	여운학
펴낸곳	규장

주소 137-893 서울시 서초구 양재2동 205 규장선교센터
전화 02)578-0003 팩스 02)578-7332 이메일 kyujang@kyujang.com
홈페이지 www.kyujang.com 트위터 twitter.com/_kyujang
등록일 1978.8.14. 제1-22

ⓒ 저자와의 협약 아래 인지는 생략되었습니다.
이 출판물은 저작권법에 의해 보호를 받는 저작물이므로 무단 전재와 무단 복제를 할 수 없습니다.

책값 뒤표지에 있습니다.
ISBN 978-89-6097-231-5 03230

규 | 장 | 수 | 칙

1. 기도로 기획하고 기도로 제작한다.
2. 오직 그리스도의 성품을 사모하는 독자가 원하고 필요로 하는 책만을 출판한다.
3. 한 활자 한 문장에 온 정성을 쏟는다.
4. 성실과 정확을 생명으로 삼고 일한다.
5. 긍정적이며 적극적인 신앙과 신행일치에의 안내자의 사명을 다한다.
6. 충고와 조언을 항상 감사로 경청한다.
7. 지상목표는 문서선교에 있다.

하나님을 사랑하는 자 곧 그의 뜻대로 부르심을 입은 자들에게는 모든 것이 合力하여 善을 이루느니라(롬 8:28)

규장은 문서를 통해 복음전파와 신앙교육에 주력하는 국제적 출판사들의 협의체인 복음주의출판협회(E.C.P.A: Evangelical Christian Publishers Association)의 출판정신에 동참하는 회원(Associate Member)입니다.